河北省普通高中教育资源均衡配置问题研究

李茂　著

HEBEI SHENG PUTONG
GAOZHONG JIAOYU ZIYUAN
JUNHENG PEIZHI
WENTI YANJIU

河北大学出版社
·保定·

河北省普通高中教育资源均衡配置问题研究

出 版 人：朱文富
责任编辑：马　敏
助理编辑：张梦雪
装帧设计：杨艳霞
责任校对：苏安邦
责任印制：常　凯

图书在版编目（CIP）数据

河北省普通高中教育资源均衡配置问题研究 / 李茂著. -- 保定 : 河北大学出版社, 2022.7
ISBN 978-7-5666-2055-2

Ⅰ. ①河… Ⅱ. ①李… Ⅲ. ①高中－中学教育－教育资源－资源配置－研究－河北 Ⅳ. ① G639.2

中国版本图书馆 CIP 数据核字 (2022) 第 121054 号

出版发行：河北大学出版社
地址：河北省保定市七一东路 2666 号　邮编：071000
电话：0312-5073019　0312-5073029
邮箱：hbdxcbs818@163.com　网址：www.hbdxcbs.com
经　　销：全国新华书店
印　　刷：河北纪元数字印刷有限公司
幅面尺寸：170 mm × 240 mm
印　　张：10.5
字　　数：150 千字
版　　次：2022 年 7 月第 1 版
印　　次：2022 年 7 月第 1 次印刷
书　　号：ISBN 978-7-5666-2055-2
定　　价：38.00 元

前　言

普通高中教育是衔接九年义务教育和高等教育的中间环节，具有承前启后的关键作用。高中教育阶段对前影响着九年义务教育的巩固提升，对后关系着高等教育生源的质量，其资源配置均衡状况和公平性问题会对各地高中学生升入高等学校的层次和机会产生重大影响，进而在某种意义上决定着众多高中学子的人生和命运。2020 年，我国高考录取率已达 90.33%①，而在普通高中与职业高中 1∶1 分流的国家政策引导下，同期全国普通高中录取率在 40%～60%之间，考入普通高中的难度已远远超过了考入大学的难度。由于河北省以“双一流”院校为代表的优质高等教育资源稀缺，导致省内学生考入优质高等学校的竞争异常激烈，这种激烈竞争更是直接转化成了整个社会对普通高中教育的巨大关注。在普通高中教育资源投入不足、优质普通高中教育资源稀缺的情况下，择校与高收费成为普遍现象，引起了公众的不满。

河北省普通高中教育资源配置失衡状况较为严重，开展相关研究具有较大的理论和现实价值。进入 21 世纪以来，河北省民办高中教育开始兴起，以衡水中学为典型代表的“超级中学”开始出现，以“掐尖生”为代表的优质高中教育资源迅速向少数“超级中学”集中。随着高中教育资源配置失衡的加剧，各地普通高中的教学质量和升入“985”“211”“双一流”等高校的学生数量也呈现出越来越严重的失衡态势，考入清华大学和北京大学的学生几乎被几所“超级中学”垄断，河北省内普通高中教育发展陷入“马太效应”的旋涡，强者愈强，弱者愈弱，教育的公平性受到了显著影响。同时，普通

---

① 京普教育：《2020 年全国高校扩招人数 52 万，录取率 90%，网友：200 分大学生能学啥》，https://new.qq.com/omn/20210304/20210304A0AN0H00.html(2021-3-4)。

高中教育资源配置失衡还对基础教育阶段产生了连带的负面影响，许多家长遵从结果导向思维，大幅提前了对优质高中教育资源的争夺，致使择校现象蔓延至小学和初中阶段，各种课外辅导投入持续增加，基础教育阶段的“内卷化”日趋严重。2010 年之后，国家和河北省虽然开始着手对跨行政区域的优质生源争夺加以政策性限制，但相关政策主要还是针对公办高中，对民办高中的限制非常有限。一些“超级中学”则以民办高中作为招生平台对这一政策进行了有效规避，所以未能从根本上改变河北省内普通高中教育资源配置严重失衡的状况。2021 年以来，国家限制高中生跨区域流动的政策不断加码，针对基础教育阶段的“双减”政策也正式落地。在这样的大背景下以河北省为个案，深入研究一个省域范围内普通高中教育资源配置的均衡状况、公平性及其对经济社会方面产生的深远影响，并探求增进河北省普通高中教育资源配置均衡性和公平性的相关策略，具有十分重要的意义。

本书将教育公平理论、教育资源配置理论、公共产品理论、区域均衡理论、系统论和人力资本理论作为理论研究的基础。根据人力资本理论的观点，提高低收入者的受教育水平可以有效缩小收入差距，社会整体受教育水平的提高也使得不同教育程度群体之间的收入差距缩小。但河北省优质普通高中教育资源的稀缺和人们对相应资源的过度竞争将会演化出严重的“内卷化”、资源浪费与教育不公现象。故此，本书回溯至教育公平理论与教育资源配置理论进行探讨，通过对教育资源——这一需兼顾效率、均衡性和公平性，又有别于其他只注重效率的经济生产要素的探究得出，应解决的深层次问题是如何将质与量均已固定的教育资源进行组合和分配，并置于不同地区、不同学龄阶段以及不同的教育类型中以实现教育资源使用的优化效率，同时可以将优化效率定义为实现公民教育机会、教育过程、教育结果三者的均衡。待问题明确后，再通过公共产品理论、系统论及区域均衡理论对教育资源的配置理念、手段和方法进行讨论，并依据普通高中教育资源的准公共产品特性及教育系统层级衔接的整体性要求，明确需由政府干预，借鉴多学科资源配置方式来对普通高中教育资源进行均衡配置的基本路径。

普通高中教育资源的配置状况主要包括配置效率和配置的均衡性两个方

面。从普通高中教育配置效率视角看，本书构建了以高中学校数、示范高中数、专任教师数、全市教育费用支出、高中招生率、高考学生与常住人口比为投入指标，本一录取率为产出指标的普通高中教育资源配置效率评价指标体系，并综合运用传统数据包络分析（DEA）、超效率DEA模型和曼奎斯指数模型（Malmquist）进行分析。根据测度结果显示，河北省各地区的普通高中教育资源配置效率差距较大，且配置效率整体偏低，有的普通高中教育资源尚未得到充分利用。另外，根据数据分析结果发现，依靠加大投入和规模扩张已很难进一步提升配置效率，未来提升河北省普通高中教育资源配置效率的关键在于技术进步和管理创新。从普通高中资源配置的均衡性视角看，通过对河北省普通高中教育资源配置效率的差异系数和首位度分析发现，2011—2019年之间河北省普通高中教育资源配置效率的差异系数大部分大于1，首位度指数大于2，这表明河北省各地区之间普通高中教育资源配置的不均衡性较高。但值得注意的是，河北省各地区之间普通高中教育资源各项投入指标和本一录取人数的不均衡性不明显，不均衡性主要体现在地区间本一录取率的明显差异上。这反映出地区间本一录取率的高低不是单纯由各种有形的资源要素投入和高考报名人数多少决定的，更多的是由生源素质、教师水平等无形的内在质量因素决定的，但优质的学生生源和高素质的教师队伍这些指标无法从简单的数量差异上完全体现出来。

普通高中教育资源配置的均衡性与配置的公平性密切相关，而配置的失衡会引发多重非公平性危害。通过运用基尼系数测度显示，按报名所在地计算得出的优质高校录取名额配置基尼系数较高，即配置的公平性相对较低；但按户籍所在地计算得出的优质高校录取名额配置基尼系数较低，即配置的公平性相对较高，这也充分印证了优质生源跨区域流动加剧了普通高中教育资源配置失衡，并显著降低了优质高校录取名额配置的公平性。通过对普通高中教育资源配置均衡性与配置公平性进行格兰杰因果关系检验发现：普通高中教育资源配置不均衡与配置不公平存在双向格兰杰因果关系，即普通高中教育资源配置不均衡会从结果上导致优质高校录取名额配置的不公平，而优质高校录取名额配置的不公平会进一步诱发更严重的普通高中教育资源配置的不均衡。在普通高中教育资源配置不均衡与配置不公平耦合协调程度的影响因素中，各地“双一流”录取差异、各地招生比例不均衡、各地专任教师数量不均衡与各地教育支出不均衡等指标的响应强度较大。就河北省的实际情况而言，在普通高中教育资源配置失衡和优质高校录取名额配置公平性偏低的双重作用下，社会心态浮躁、教育内卷化、家庭教育投入加重、社会阶层固化、教育腐败滋生、区域经济社会发展受阻等多重负面结果已集中出现。

通过深入调研和分析文献资料发现，形成河北省普通高中教育资源配置失衡状况的原因是多方面的，且是一个历史性的渐进过程。从国家发展普通高中教育政策的演进视角看，河北省普通高中教育资源配置的失衡状态有其历史渊源。自新中国成立至20世纪末，河北省教育厅按照教育部颁布的《关于分期分批办好重点中学的决定》，批准设立了多个批次的省级示范性重点高中，同时对这些示范性高中给予经费、师资、生源等多方面的政策支持，而这也直接导致了重点（示范性）与非重点（非示范）学校间教育资源配置的不均衡。在2000—2010年期间，部分省级示范性重点中学依托多年政策扶持积累起的雄厚师资，并借势国家鼓励发展民办高中教育的政策东风，开始与社会资本进行深度合作。在政府支持示范性高中发展和社会资本力量持续注入的双重动力推动下，各类带有“准官方”色彩的民办“名校”纷纷成立，个别学校也借此机会迅速实现了办学规模的扩张，逐渐发展成所谓的“超级中学”，致使河北省普通高中校际之间发展不均衡问题日趋严峻。自2010年以来，随着国家政策更加注重普通高中教育资源配置的均衡性和公平性，部分地方开始着手制定限制优质学生跨区域流动的措施，但这些措施由于缺乏省级层面的强制性和系统性，还是被“超级中学”利用政策漏洞进行了规避。所以河北省普通高中教育资源配置失衡问题并未得到根本性解决，少数学校依然在一定程度上垄断着省内优质生源。

从配置失衡状况形成的其他深层次原因来看，河北省各地区之间的区位条件、经济发展水平和地方政府决策的显著差异都不同程度地造成了各地普通高中教育资源供给和配置的失衡。同时，由于农村地区发展的历史欠账过多和城乡之间经济发展水平差距过大，直接导致了城乡区域之间高中阶段办学硬件差距、经费投入和师资力量的失衡。随着社会资本逐渐介入普通高中教育发展，部分民办普通高中在追求超额利润动机的驱使下，开始盲目扩大规模、网罗优质生源，这种过度竞争在一定程度上导致了市场机制的失灵，加快个别学校确立了在高中优质生源和优质高等学校录取数量上的垄断地位。最终，在“名校”光环吸引、家长盲从和民办学校巧妙规避政策限制等多种因素的推动下，优质生源得以持续向少数“超级中学”集中，使河北省普通高中教育资源配置失衡状况进一步加剧。

在上述论证分析的基础上，笔者认为推动河北省普通高中教育资源实现均衡配置应遵循以下三条理念：第一，教育资源空间均衡化是实现教育资源均衡配置的基础；第二，混合配置模式是普通高中教育资源均衡配置的可靠选择；第三，建立统一、逐级与直通相组合的配置机制。同时，河北省还应从优化存量、培育增量、公平效率兼顾等角度构建实现普通高中教育资源均衡配置的路径。最后，笔者建议从引导优质生源合理流动，实现区域内学校公平竞争；完善教育财政体制，推进教育财政均衡投入；加大弱势区域的政策支持力度，引导各类资源向弱势区域倾斜；合理疏导民办高中的内外部发展环境，保障民办高中健康发展等方面制定相关政策，以提升河北省普通高中教育资源的均衡配置水平，鼓励省内普通高中多样化发展。

另外，在本书撰写的过程中因受个人能力、数据可得性、定量研究工具、实地调查困难等多重因素限制，研究的深度和广度均需进一步加强，特别是在提升测量方法的科学性、通过省级数据比较提升研究结论的一般性以及定量分析普通高中教育资源配置失衡造成的负面影响三个方面上需要进行更深入的研究探讨。

目　录

第一章　绪论 …………………………………………………………（1）

一、选题背景与研究意义 ……………………………………………（1）

二、技术路线与研究框架 ……………………………………………（11）

三、力求的创新点 ……………………………………………………（14）

第二章　普通高中教育资源均衡配置的相关文献梳理及概念界定 ……（16）

一、国内外文献综述及自我评述 ……………………………………（16）

二、普通高中教育资源均衡配置研究的理论基础 …………………（37）

三、普通高中教育资源均衡配置的相关概念界定 …………………（51）

第三章　河北省普通高中教育资源均衡配置状况分析 ………………（55）

一、河北省普通高中教育资源配置效率分析 ………………………（55）

二、河北省普通高中教育资源配置均衡性分析 ……………………（70）

第四章　河北省普通高中教育资源配置均衡状况的公平性分析 ………（80）

一、普通高中教育资源配置公平性指标体系的构建与测度 …………（80）

二、普通高中教育资源配置的公平性与均衡性的相关性分析 ………（86）

三、普通高中教育资源配置失衡引发的非公平性危害 ………………（95）

第五章　河北省普通高中教育资源配置状况形成的历史原因和现实原因探究 ……………………………………………………（102）

一、国家相关政策的变化深刻影响着河北省普通高中教育资源配置的历史进程 ……………………………………………………（102）

二、基础性条件差异决定了不同区域发展普通高中教育的能力 ………（105）

三、优质生源的单向跨区域流动显著加剧了普通高中教育资源配置的失衡 …… (110)
四、市场力量介入引发了配置效率改善和公平性降低的双重效应 …… (113)
第六章　河北省普通高中教育资源均衡配置水平的路径选择 …… (118)
一、提升教育资源均衡配置水平的理论借鉴 …… (118)
二、提升河北省普通高中教育资源均衡配置水平的具体路径 …… (121)
三、提升河北省普通高中教育资源均衡配置水平的政策建议 …… (129)
第七章　结论与展望 …… (135)
一、研究结论 …… (135)
二、研究的不足与展望 …… (137)
参考文献 …… (139)
附录 …… (151)
后记 …… (155)

第一章　绪论

一、选题背景与研究意义

（一）选题背景

1. 普通高中教育是连接义务教育和高等教育的重要枢纽

普通高中教育作为衔接九年义务教育和高等教育的中间环节，有着承前启后的作用，对前关乎着九年义务教育的巩固提升，对后关乎着高等教育的生源的质量，所以普通高中教育阶段在我国整个教育链条中有着非常特殊和重要的作用。正是基于普通高中教育这一特殊的功能定位，其资源配置的状况必然会对与之密切关联的基础教育环节和高等教育环节产生重大影响。在当前高考招生录取以省为单位的背景下，所谓的高考竞争其实是省内学生之间的竞争，所以一个地区普通高中教育资源配置的均衡性和公平性会对所辖各地高中学生升入高等学校的层次和机会产生重大影响，进而在某种意义上决定着众多高中学子的人生和命运。另外，随着高等教育的持续扩招和普通高中与职业高中 1∶1 分流政策的执行，考入高中的难度已远远超过了考入大学的难度。以 2020 年数据为例，该年度我国高考录取率已达 90.33%①，但同期全国各普通高中录取率在 40%～60%之间。在整体高中教育资源投入不足、优质高中教育资源稀缺的情况下，高中阶段的择校与高收费成为普遍现象，而且还蔓延至小学和初中阶段，引起了相当严重的"内卷化"，以及公众

① 京普教育：《2020 年全国高校扩招人数 52 万，录取率 90%，网友：200 分大学生能学啥》，https://new.qq.com/omn/20210304/20210304A0AN0H00.html(2021-3-4)。

强烈的不满情绪，所以开展相关研究十分必要。

2. 河北省普通高中教育备受关注

河北省历来是高考大省，截至 2020 年底，全省公办普通高中学校有 707 所，普通高中在校人数达 151.75 万人。但由于省内缺乏“双一流”“985 高校”等原因，致使省内考生获得优质高等学校录取资格的名额非常有限，录取率几乎处于全国最低水平。在此笔者整理了 2021 年部分省份“985 高校”录取率（见表 1-1）。2021 年“985 高校”在河北省的录取率仅为 1%，远低于北京、上海和天津，甚至比江苏、广东、山东、四川等其他人口大省还要低。优质高等学校入学竞争异常激烈的现实，以及家长望子成龙、望女成凤的期待，使高中教育在河北省受到了巨大的关注，为了让孩子进入一所理想高中，许多家长从孩子小学阶段就开始了各种准备。

表 1-1 2021 年部分省份高考“985 高校”院校录取率

省份	“985 高校”录取率	省份	“985 高校”录取率
北京	4.24%	广东	1.17%
上海	6.17%	甘肃	1.68%
天津	5.67%	河北	1.00%
福建	1.40%	山东	1.21%
江苏	1.02%	湖南	0.96%
辽宁	2.22%	四川	1.30%

数据来源：由笔者根据各省份统计局数据整理所得。

3. “超级中学”——衡水中学是研究普通高中教育资源配置失衡的典型案例

“超级中学”其实是在应试教育背景下衍生出来的有规则或者无规则地快速聚集优质教育资源的产物，① 其主要特征是数以万计的学生人数、高质量学

① 参见习勇生《“超级中学”：普通高中校际差距的催化剂》，《中国教育学刊》，2014 年第 6 期，第 15—18 页。

生云集、优质的教育资源以及特色的教学内容和学习方式。学者习勇生曾将“超级中学”的类型划分为三类：公办性质、民办性质和混合性质。第一类公办性质的“超级中学”是在兴办重点中学的浪潮中逐渐发展起来的，所以这类学校具有很强的政策导向性，其借着政府以及相关教育部门的政策导向之风逐渐发展壮大，因此这类学校受到公众的青睐。第二类民办性质的“超级中学”是在市场机制运行下自然而然产生的。第三类混合性质的“超级中学”是由政府、市场和学校这三个主体共同参与建立的，这类学校利用了“超级中学”的品牌效应通过建立有相关机制联系的分校而存在，其收费较高，性质模糊难以分辨。由于“超级中学”在教育资源以及教学质量上具有显著的优势，因此受到很多初、高中家长的追捧，其中衡水中学就是一个典型案例，它导致了社会上许多高中学校争相效仿衡水中学的教学和发展模式。

衡水中学在起步阶段属于典型的第一类公办性质的“超级中学”，之后随着市场因素的介入，相继以分校名义成立了滏阳中学、衡水第一中学和衡水中学实验学校三所民办性质的高中。这些分校对内实行统一管理，对外以“衡水中学”的名义进行统一宣传和招生，至今形成了集初中高中两个教育阶段，汇聚河北省各地高中阶段优秀学子，拥有学生三万多人、具有全国影响力的“超级中学”。衡水中学培养了一批批优秀人才，为国家和河北省的高中教育发展做出了突出贡献，但与衡水中学发展壮大相伴的是省内其他各地高中优质生源和优秀教师资源的流失，原有的教育资源均衡状态被打破，尤其是一些县域内的普通高中发展日益困难。随着衡水市第二中学、石家庄市第二中学、武邑中学等省内知名高中纷纷效仿衡水中学的办学、招生和运作模式，学校规模不断扩大，省内的“超级中学”开始增多，使稀缺的优质教育资源几乎被少数几所“超级中学”垄断。河北省普通高中教育发展陷入“马太效应”的旋涡，强者愈强，弱者愈弱，均衡态势令人担忧。但也正是因为有衡水中学现象的存在，让研究河北省普通高中教育资源均衡配置问题本身具有了特殊价值。

4. 私立普通高中教育的兴起和中考分流

在高校扩招、民办高中教育政策松绑和“超级中学”现象等多重因素的影响下，越来越多的学校开始尝试对“超级中学”模式进行复制，而复制这一模式的前提就是以民办高中作为对外招生、扩大规模的平台，因此私立民办普通高中教育逐渐兴起。根据《河北省经济年鉴》中的数据进行绘制，不难看出，自 2003 年开始，河北省普通高中学校数和专任教师数均呈现持续上升趋势，特别是 2004—2005 年，这两年普通高中的办学数量出现了猛增的走向，经过几年的平缓下降后，自 2014 年开始，普通高中学校数量又开启了一个缓慢增长的进程。与普通高中学校数量变化趋势不同，普通高中专任教师数量自 2005 年起，一直处于上升态势（见图 1-1）。这些数据也说明，随着私立高中教育的兴起，河北省普通高中教育师资力量不断增强。

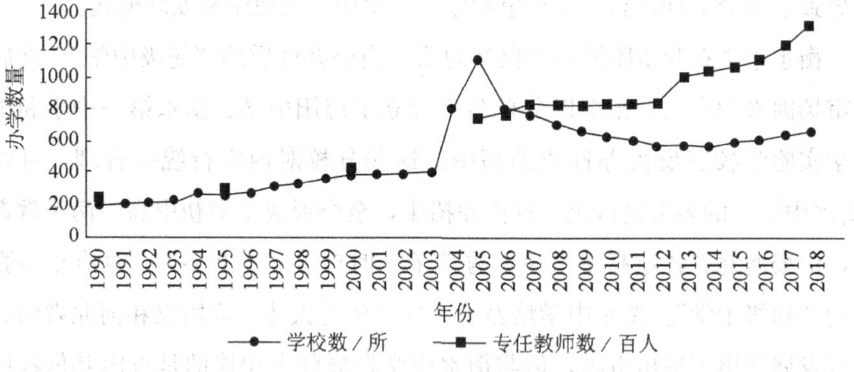

图 1-1　河北省普通高中学校数和专任教师数趋势图

另外，2021 年 3 月，教育部印发了《教育部办公厅关于做好 2021 年中等职业学校招生工作的通知》，其中明确提出“要保持高中阶段教育职普比大体相当”，“职普比例较低的地区要重点扩大中等职业教育资源，要提高中等职业教育招生比例”。2021 年河北省多地公布了中考分流措施，普职比成为划定普通高中招生最低控制分数线的重要依据，普通高中的录取率均控制在 60％以下，这表明普通高中教育名额的压缩会使越来越多的中考生走入职业教育的序列中。但是在普通高中教育资源供给本就不足和职业教育社会认可度不高的双重背景下，这一政策等于变相提高了普通高中招生名额的含金量，即使原来常被忽视、冷落的非示范性高中的入学名额也会变得愈加抢手。所以面对师资力量增长和招生名额压缩这一矛盾，如何优化普通高中教育资源均衡配置就更值得进行深入研究。

5. 优质生源跨区域争夺逐渐受限

优质生源的有效供给是一个普通高中得以持续发展的基础性条件，因为这直接关系着一所普通高中的高考升学率，也关系到有多少学生可以考入清华大学、北京大学等万众瞩目的名校。河北省内一些“超级中学”能够不断做大的原因得益于社会资本介入后在全省范围内进行优质生源的大力争夺，他们一般是依托较高的社会认可度和之前优异的高考升学成绩，特别是考入清北等名校人数作为吸引优秀生源的“金字招牌”。学校具体通过减免学费、加入优秀班级、提供奖学金、描绘美好升学前景等方式从全省各地网罗优秀中考毕业生，甚至有个别学校凭借雄厚的实力开出了“被清华大学或者北京大学录取的每一位学生一次性给予50万元奖励”的条件。2006年前后，优质生源的争夺最终演变成了数所“超级中学”之间的争夺，这种争夺让个别“超级中学”规模不断扩大，同时也导致了民办学校超计划招生、班容量过大等问题，这在一定程度上加剧了教育资源配置的失衡，妨碍了教育的均衡和公平。

对于优质生源的争夺，特别是跨行政区域招生这种行为，国家和河北省较早就意识到了其中存在的问题，并开始有意的限制。2014年4月，河北省教育厅下发通知，明确要求公办高中不得“跨市招生”，自此杜绝公办高中跨区域招生行为。2017年6月，按照河北省教育厅印发的《关于2017年中小学招生工作有关问题的补充通知》要求，石家庄、邯郸、保定三市教育部门分别发布公告，明确要求未经批准或备案的外地民办普通高中一律不得在当地招生，并明确规定外地民办普通高中学校不得以虚假宣传、减免学费、钱物奖励等方式恶意竞争，抢夺生源。2021年6月10日，河北省教育厅印发了《关于加强普通高中招生管理工作的通知》（以下简称《通知》），《通知》要求严格把控招生计划，各市每所高中的年度招生计划控制在2000人以内，起始年级班额控制在55人以内。2021年各市民办高中在审批地之外的招生计划控制在学校计划招生总数的30%以内，并逐年递减。①《通知》还规定最迟到2024年，民办高中只允许在审批地区进行招生。2021年6月14日，保定市紧跟着出台的《保定市2021年市域外民办普通高中学校招生管理办法》提出，从2022年开始，停止市域外民办普通高中在保定市的招生，并将其作为贯彻河北省教育厅出台《通知》的配套措施。由此可以预见，最晚到2024年，河北省公办和民办普通高中都将失去跨区域掐尖招生的资格，优质生源进行属地化教育将成为大势所趋，那么如何在短时间内缩小各地高中教育水平的发展差距，提升各地教育资源配置的均衡度就成为亟待解决的难题。

6. 河北省普通高中教育资源配置失衡问题较为严重

普通高中教育资源配置失衡可以从数量和质量两个方面来讨论，所谓数量差异主要指教育经费投入、学校数量、专任教师数量和在校生数量等指标的地区配置差异，但由于各地区之间常住人口差异和分灶吃饭的财政制度等原因，资源配置的数量差异看似明显，但往往有其合理的逻辑，且很难反映各地普通高中教育质量的差异。按照结果导向思路，最能反映普通高中教育资源配置失衡的是异地考生高考报名数量、本一录取率和“双一流”高校的录取人数等质量性指标，在此仅以2015—2019年的一些高考数据作为说明（见表1-2）。从中可以看出，衡水高考考生的本一录取率远高于其他10个地市，甚至比最低的秦皇岛高出4倍多，衡水的高考报名人数与同期常住人口数量很难匹配起来。这两个数据说明，有大量异地优质考生进入该市就读高中和参加高考，导致区域之间本一录取率差异过大，本质上反映出河北省普通高中教育资源区域配置失衡问题比较严重，而且这种配置失衡的结果又转化成了一种推动优质高中生源异地流动的内在动力，进而形成了固化和强化这种失衡状态的内在机制。

① 《关于加强普通高中招生管理工作的通知》，http://jyt.hebei.gov.cn/col/1405610764482/2021/06/10/1623315149296.html(2021-6-10)。

表1-2 2015—2019年河北省各地市高考报考率和本一录取率情况统计表

报名地	年份									
	2015年		2016年		2017年		2018年		2019年	
	报考率	本一录取率	报考率	本一录取率	报考率	本一录取率	报考率	本一录取率	报考率	本一录取率
石家庄	0.67	11.76	0.70	15.30	0.67	16.06	0.74	15.48	0.88	13.61
唐山	0.56	9.72	0.57	14.5	0.56	13.8	0.6	12.49	0.68	11.07
秦皇岛	0.54	6.82	0.53	9.45	0.54	10.59	0.56	11.11	0.65	7.97
邯郸	0.44	7.47	0.47	12.19	0.49	11.89	0.58	12.35	0.76	11.16
邢台	0.45	9.61	0.49	13.91	0.53	13.67	0.61	13.83	0.75	11.67
保定	0.43	8.87	0.44	12.20	0.47	12.25	0.54	11.9	0.87	10.45
张家口	0.27	8.28	0.26	11.60	0.25	11.56	0.64	10.53	0.74	9.31
承德	0.51	5.14	0.50	8.28	0.48	8.69	0.61	9.03	0.72	8.04
沧州	0.83	10.79	0.89	14.88	0.93	15.33	0.51	13.71	0.61	13.38
廊坊	0.29	7.16	0.33	9.96	0.35	9.33	0.57	10.06	0.65	9.50
衡水	0.87	31.33	0.90	38.03	0.94	38.89	1.11	38.36	1.27	34.7

注：本一录取率＝本一录取考生数/报名人数。报考率＝报名人数/常住人口数。数据来源：根据河北省教育考试院提供的内部数据和《河北省统计年鉴》数据整理。

7. 国家持续出台应对教育“内卷化”的措施

由于优质高等教育资源稀缺、高考唯分数录取原则和资本推动下校外培训机构的过度化发展，自小学开始的各教育阶段内卷化问题不断突出，高中教育阶段由于直接面临高考这一最终检验，内卷化程度相当严重。从河北省来看，各个高中都在遵循着严格的管理制度和追求更高升学率的导向，封闭式管理已成为高中管理的常态，压缩假期、增加教学时间、加大班级内部之间量化考核评比等，高中生的学业压力明显增加。家长一方面为了把孩子送入高考录取率更高的高中，付出了越来越高的择校成本；另一方面还利用节假日给孩子安排各种补习课程，不断增加着家庭的教育支出。更为严重的是，高中阶段的“内卷化”已延伸至初中乃至小学教育阶段，择校、高收费、校外培训盛行已成为基础教育阶段的普遍现象，引发了公众的强烈不满。

“内卷化”虽然让学生和家长身心疲惫，但因其有利可图的属性，吸引了大量社会资本进入教育领域。在利润最大化的趋势下，校外培训机构以各种名目煽动和诱发家长对孩子教育的焦虑情绪，进而让家长加大投入全方位争夺从小学到大学优质稀缺教育资源，最终导致教育领域的“内卷化”不断严重，对整个社会的可持续发展产生了较大的消极影响。由于不断攀升的教育支出使不同社会阶层之间获取教育资源的机会不均衡，让中低收入家庭的孩子在教育竞争中处于相对劣势，主要表现在参加校外教育培训的经济保障能力不足、选择优质高中就读机会减少等方面。也就是说，在教育严重内卷化的过程中，教育支出保证能力偏弱群体的子女在高考中被淘汰的概率大大增加，这严重影响了普通高中教育和高考的公平性，是教育资源配置不均衡导致的重大负面效应。

在这样的大背景下，2021 年 5 月，中央全面深化改革委员会第十九次会议审议通过了《关于进一步减轻义务教育阶段学生作业负担和校外培训负担的意见》（以下简称《意见》）。同年 7 月，中共中央办公厅、国务院办公厅正式印发该文件，并且将这项内容称为“双减”政策并重点指出，“要全面提高学校教学质量，全面规范管理校外培训机构（包括线上培训和线下培训），切实提升学校教书育人的水平”。关于高中招生政策，《意见》指出：“各地要积极完善基于初中学业水平考试成绩、结合综合素质评价的高中阶段学校招生录取模式，依据不同科目特点，完善考试方式和成绩呈现方式。坚持以学定考，进一步提升中考命题质量，防止偏题、怪题、超过课程标准的难题，逐步提高优质普通高中招生指标分配到区域内初中的比例，规范普通高中招生秩序，杜绝违规招生、恶性竞争。”因此，对于“双减”政策的内容大致总结出了以下两点：

第一，“双减”政策对于学校教育质量提出了挑战，强调要大力提升学校的教育教学质量和课后服务水平，既要确保学生在校内学足学好，又要满足学生多样化的需求。

第二，“双减”政策对校外培训治理的主要导向就是促进教育回归公益性。要求培训机构不能把追求利润最大化作为唯一目标，不能把资本化运作和商业营销作为经营的重心，要回归教育的本质和规律，回归到人才培养和建设上来。

“双减”政策对抑制我国越来越严重的教育内卷问题必将起到重要作用，但是现阶段我国教育内卷化严重的本质原因是教育资源配置的失衡。由于教育资源配置不均，致使学生和家长为了追求“优质的教育资源”不得不加入激烈的竞争中，所以“双减”政策出台后，以河北省为例，深入剖析普通高中教育资源配置均衡问题就显得更加必要了。

(二) 研究意义

教育是一个国家的立国之本，教育资源配置的均衡问题也是学术界长期关注的一个研究领域，但多以义务教育、高等教育和城乡之间的资源配置问题作为研究对象，专门针对普通高中阶段教育资源配置的相关研究非常有限。另外，河北省是高考大省也是普通高中教育大省，更有全国“超级中学”的代表——衡水中学坐落于此，这一普通教育资源过度集中的典型案例吸引着全国的注意力。从河北省的实际情况看，优质普通高中教育资源的稀缺和配置失衡，对前诱发了义务教育阶段的“内卷化”，对后导致了优质高校入学人数在各地的巨大差异，引发了社会的强烈不满。所以本书选取河北省普通高中教育阶段的资源配置状况作为研究对象，通过设计指标体系和运用一些实证研究的方法，对河北省普通高中教育资源的配置效率、配置的均衡性、配置的公平性、配置的均衡性与公平性之间的关系等方面进行量化分析，并与其他省份情况进行比较，之后针对量化的结果深入探究配置失衡的负面影响、背后根源、优化路径和对策建议。因此，本研究以河北省为个案，对一个省域范围内的普通高中教育资源均衡配置问题进行深入探讨，无论从理论价值看，还是从实践意义看，均有十分重要的意义。

1. 理论价值

一是可以丰富普通高中教育资源配置的相关研究。通过综合分析文献可以看出，研究普通高中问题的文献占比是比较多的，但多是从功能定位、发展方向、学科设置等较为宏观的角度对普通高中资源配置问题的分析研究则较少，其中专门针对河北省地区普通高中教育资源均衡配置问题进行分析研究的更是鲜有。所以，本书采用实证分析的方法，对河北省普通高中教育资源均衡状况进行量化分析，使研究结论变得更加具体和细化，直接丰富和深化了针对普通高中教育资源均衡配置的相关研究。

二是可以准确辨析普通高中教育资源配置的均衡性、公平性及二者之间的相互关系。一方面，本书将在对普通高中教育资源配置的均衡性和公平性进行界定的基础上，通过实证方法对配置效率、均衡性和公平性进行准确测量，这不但在研究方法上为其他学者进行特定区域内的普通高中教育资源配置均衡状况测度提供了借鉴，而且还可以作为开展其他阶段教育资源均衡配置问题研究的参考；另一方面，本书还深入探讨了普通高中教育资源配置的均衡性与公平性之间的关系，用相关性的分析方法论证了均衡与公平之间的互动关系、耦合性和影响因素，这在一定程度上拓展了新的研究视角，并且能够更准确地辨析普通高中教育资源配置均衡性与公平性之间的关系。

三是可以更深入地阐明普通高中教育资源配置失衡的负面影响及生成原因。本书将结合既有文献和实地调查资料，详尽阐述普通高中教育资源配置失衡对基础教育发展、高考招生名额区域分配、家庭教育投入、社会阶层流动等多方面的负面影响，并从历史和现实的多重视角出发，深入剖析河北省普通高中教育资源配置失衡的根源和内在机理，为相关对策思路的提出提供理论支撑。

四是可以丰富市场参与普通高中教育资源配置的相关理论机制。本书把普通高中教育资源配置均衡化和市场化有效联系起来，并对两者之间的关系进行深入研究。同时，还深入探讨市场化对高中教育资源配置的影响，从多角度考虑如何运用政府与市场两方面的优势对普通高中教育资源进行均衡配置和公平分配，使政府和市场之间的配合更加默契，从而为解决普通高中教育资源均衡配置问题和满足学生多元化需求提供理论基础。

2. 实践意义

首先，本书的研究将坚持问题导向。研究过程将直面择校、高收费、内卷化严重等公众关注的热点问题，通过对普通高中教育资源配置均衡状况的深入探讨，力争从理论上找到上述问题产生的根源，进而让这项研究的相关结论为河北省普通高中教育阶段的资金投入、优质生源流动、优质师资配备等方面政策的制定提供理论指导。

其次，本书以提高河北省普通高中教育资源配置的均衡性和公平性为现实目标。书中通过建立指标体系和整理文献综述的方法深入挖掘了导致普通高中教育资源非均衡配置的各种因素，最后系统地提出了有建设性和针对性的对策建议，这些都可以为河北省普通高中教育资源均衡配置相关政策的制定和调整提供重要参考。

最后，本书的建议将在某种意义上具有一般性的推广价值。虽然本书只是着重研究了河北省普通高中教育资源配置的均衡问题，但通过与相似省份的比较分析发现，普通高中教育资源配置失衡问题在一定程度上具有普遍性。通过助力河北省相关问题的解决，还可以由小到大推动全国范围内普通高中教育资源配置均衡水平的提升。因此，针对河北省普通高中教育资源配置失衡的解决路径和对策建议，对解决全国其他相似省份的普通高中教育资源配置失衡问题也具有重要参考和借鉴价值。

二、技术路线与研究框架

（一）技术路线

本书采用的技术路线和框架（见图 1-2）：

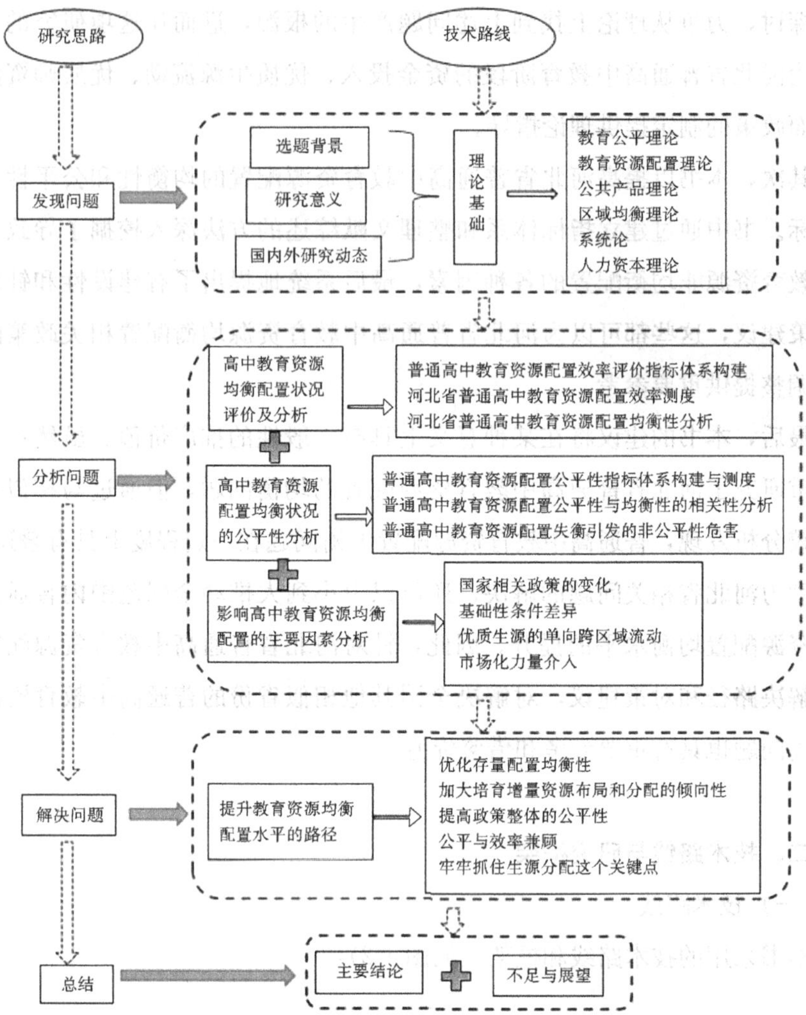

图 1-2 技术路线和框架图

（二）研究分析框架的构建

本书主要分七章对河北省普通高中教育资源均衡配置问题进行研究。

第一章，通过对河北省普通高中教育现状和全国性教育调整措施的梳理，介绍本书的选题背景，阐述其实践及理论研究意义。对普通高中教育资源、教育资源均衡配置的问题进行国内外动态研究，了解国内普通高中教育资源配置的现有情况，找出问题与不足的同时寻找到自己能够进一步研究的方向。

此外，对本书的研究方法和力求的创新点进行相关阐述。

第二章，介绍本书研究需要的基础理论依据，主要有教育公平理论、教育资源配置理论、公共产品理论、区域均衡理论、教育层级衔接的系统论、人力资本理论等，在多学科理论基础的指导下，对高中教育资源均衡化问题进行全方位和具体化的研究和剖析。依据理论指导，对普通高中教育资源均衡配置的相关核心概念进行界定，并构建研究问题的分析框架。

第三章，评价及分析河北省普通高中教育资源均衡配置状况，主要对河北省普通高中教育资源配置的情况进行分析。首先，构建测量普通高中教育资源配置效率的测度指标体系，利用DEA模型进行河北省普通高中教育资源配置效率测度。其次，运用首位度等方法对河北省普通高中教育资源配置的均衡性进行计算，并基于计算结果对河北省普通高中教育资源配置状况进行分析评价。最后，运用清北录取率的首位度指数对河北省、安徽省和湖北省普通高中教育资源配置的均衡状况进行比较分析。

第四章，分析河北省普通高中教育资源配置均衡状况的公平性，构建普通高中教育资源配置公平性指标体系并进行测度。测度之后对高中教育不公平和资源配置不均衡进行相关性分析，在基于此分析结果之上，进一步论述资源配置不均衡造成的非公平性危害。

第五章，分析河北省普通高中教育资源配置状况形成的历史原因和现实原因，这一部分主要包括四个方面：一是国家政策演进方面，以线性时序逻辑纵向分析我国教育政策制度对高中教育资源配置产生的影响。二是区域之间基础性条件差异方面，论述不同地区发展普通高中教育的基础能力差异导致的教育资源配置不均衡。三是优质生源跨区域流动方面，论述在“超级中学”虹吸效应下，优质生源流动呈现逆均衡的单向流动态势，形成“马太效应”，造成教育资源配置的不均衡。四是教育市场化方面，论述市场力量的介入对普通高中教育资源配置均衡的利弊。

第六章，针对提升河北省普通高中教育资源均衡配置水平进行路径选择。其一，提升河北省普通高中教育资源均衡配置水平的具体路径：优化存量配置均衡性、加大培育增量资源布局和分配的倾向性、提高政策整体的公平性、公平与效率兼顾及牢牢抓住生源分配这个关键点等。其二，提升河北省普通高中教育资源均衡配置水平的政策建议：从优质生源流动、财政均衡投入、向弱势区域政策倾斜以及发展民办高中教育等方面提出建设性的建议。

第七章，对研究结果进行分析总结，同时归纳研究的不足和对未来的展望。

三、力求的创新点

本研究的特色是从高质量教育体系构建的宏观视角和教育资源配置的微观视角来系统审视河北省普通高中教育资源均衡配置问题的，希望借此研究推动河北省普通高中教育资源配置逐渐趋于均衡。另外，通过借助普通高中教育承前启后的特殊功能提升河北省各阶段教育的公平性，加快高质量教育体系的构建进程。综合分析前人相关研究成果和本书的主要内容，本研究的创新点主要有四个：

（一）相关概念内涵的创新

本研究在借鉴教育学、劳动经济学和管理学等学科理论的基础上，结合调研的实际情况，对普通高中教育资源、普通高中教育资源配置的均衡性、普通高中教育资源配置的公平性等概念的内涵和外延进行了准确界定，从既有文献看，这种理论上的界定具有明显的创新性。

（二）研究视角的新颖

通过查阅大量文献发现，研究普通高中教育和教育资源配置的文献确实很多，对于普通高中教育的研究基本上集中在功能定位、发展方式、高考招生等方面，而对于教育资源均衡配置问题的研究则集中在义务教育阶段、高等教育阶段和城乡区域等方面，但是把普通高中教育和资源均衡配置两个问题相结合进行研究的既有成果非常有限。所以本研究选取普通高中教育资源均衡配置问题作为切入点，重点研究普通高中教育资源配置的均衡性和公平性，从研究视角看具有创新性。

（三）研究方法的创新

本书在定量分析的过程中，以各地一般本一录取率作为产出系数，创新性地构建了普通高中教育资源配置效率模型，并巧妙地利用 DEA 模型对普通高中教育资源配置效率进行测量。同时，还尝试利用实证的相关性分析来科学地厘清普通高中教育资源配置均衡性与公平性之间的关系，从研究方法上看也具有一定的创新性。

（四）提出创新性对策思路

从实践的角度看，本研究深入分析了普通高中教育资源配置失衡的负面影响，并找出了造成河北省普通高中教育资源配置失衡和公平性偏低的深层次根源，进而重点针对优质生源跨区域流动、各地发展基础差异、民办高中过度竞争等问题，创新性地提出了提升配置均衡水平和公平性的宏观思路与具体对策建议，并将其作为行政部门的决策参考。

第二章　普通高中教育资源均衡配置的相关文献梳理及其概念界定

一、国内外文献综述及自我评述

（一）国外相关文献综述

1. 关于高中教育的相关研究

关于高中教育功能和作用的研究。西方学者普遍认为高中教育对于个人成长，乃至国家发展都具有重大作用。伍德·威尔逊（Wood Wilson）在《高中高年级学生年——国家的使命》中写道："中学后教育在农业文明时代，对大多数美国人来说，农业时期，中学是黄粱一梦；在工业文明时代，也只是少数人的天赋特权；到了太空时代，对许多人都很平常；而在今天，对任何人都成为常识。"① 戴维·布伦基特（David Brenkitt）在2000年特别提出，高中阶段是从学生到成人的一个过渡时期，无论是对教育发展过程还是人生成长经历来说都是至关重要的阶段，所以政府应该出台一些青少年支持计划来引导处在这一阶段的学生对待生活和学习的态度。② 詹·布·科南特（James B. Conant）是美国著名的教育家，在他出版的《今日美国中学》（*The American High School Today*）一书中这样写道："美国综合中学是最

① 参见胡庆芳《当今美国高中教育解读（一）》，《北京教育（普教版）》，2002年第6期，第42—43页。

② *See* Department for Education and Skills. Participation in education, training and employment by 16—18 year olds in England, (May. 10, 2007), http://www.dfes.gov.uk.

具有社会特点的学校，它是‘集全体青少年于同一屋檐下受教育’的中等教育机构，甚至可以这样说，美国综合中学的建立是‘美国教育民主化’的标志，也是‘铸就美利坚民族灵魂的熔炉’。”①

关于高中教育目标的研究。英格利斯（A. Inglis）的著作《中等教育原理》（*Principles of Secondary Education*）认为，美国中等教育的目标有三点：第一，社会公民目标（Social Civic Aim），让学生今后成为一名合格的公民。第二，经济职业目标（Economic-Vocational Aim），让学生今后成为一名优秀的生产者。第三，个人修养目标（Individualistic-Avocational Aim），让学生的个性得到充分而全面的发展。② 2001 年伍德罗・威尔逊在美国联谊基金会上提出了美国 21 世纪培育高中学生的四个目标：第一，培养学生善学、好学及批判性思考问题的习惯，为今后教育知识的储备、能力情感的培养以及更多方面做好充分准备。第二，全面挖掘学生的潜力，把学生培养成为全面发展的人。第三，培养学生的动手能力，让他们在今后的工作和实际生活中具备使用各种技术的能力。第四，让每一位学生都能对国家和民主价值有一个自我的理解，不仅是自己国家的历史文化还包括其他国家的历史文化，让学生们成为一个有品位、懂鉴赏的人。

关于高中学校类型及课程设置的研究。世界上每个国家的高中类型各不相同，主要类型可以分为：普通型、职业技术型和综合型，学校类型的多元化势必带来课程结构设置的多样化。课程设置和培养目标的调整要以打破传统单一的教育升学目标这一局面为主，强调不同个体发展的差异性，引入更多的教育课程，在注重学生自身发展的前提下为国家输送优秀人才。③ 罗莎琳德・列瓦伊（Rosalind Levai）和安德鲁・詹金斯（Andrew Jenkins）通过研

---

① *See* Conant J B. *The American High School Today*. Mcgraw-hill book Company. inc, 1959, p. 236.

② 参见胡庆芳《绝不让一个高中生掉队——美国高中课程改革研究》，《全球教育展望》，2002 年第 3 期，第 32—37 页。

③ *See* Sahlberg P. “Secondary Education in OECD Countries”, *European Training Foundation*, 2007, p. 99—102.

究得出，当学校设置了特色课程后，学生的学习成绩有了明显提升。[①] 可见，西方国家十分重视高中教育阶段课程设置的多样化和特色教育，并且也非常注重学生的多元化和个性化发展。

2. 关于教育资源配置问题的相关研究

关于教育资源配置方式的研究。米尔顿·弗里德曼（Milton Friedman）指出，建立以市场为主体的办学模式，政府只进行教育内容的制定和教学质量标准和课程标准的制定等。他还提出了“教育券[②]”的想法，当时教育质量较高的英美国家与他这一观点不谋而合，因而陆续出现了一些“特许学校（Charter School）”“择校（School Choice）”和“教育券（Educational Vouchers）”等制度模式的实践。约翰·E. 丘伯（John E. Chubb）和泰力·M. 默（Terry M. Moe）利用两种不同的配置方式对学校的工作效率进行了研究，发现利用市场机制配置资源管理学校的工作效率会更高，因此可以建立一种以市场为主导的公共教育配置体系，市场和家长进行选择，政府和教育部门只负责管控和监督。[③] 但是也有学者持有不同观点，杰夫·惠迪（Geoff Whitty）、萨莉·鲍尔（Sally Power）和大卫·哈尔平（David Halpin）在教育资源市场配置中对市场、学校和政府之间的关系进行了研究，[④] 研究结果有两点：一是以市场方式配置教育资源可以提高教学质量；二是市场配置模式同时也拉大了教育质量高地区与薄弱地区之间的教育差距。

关于教育资源配置效率的研究。沃尔特（Walter）等人（1982）认为评判高等教育资源效率的高低是有标准的，而这个标准就是资源投入的组合比例，当这个组合的要素达到了最优标准，那么教育资源的效率也就达到了最

① *See* Rosalind L., Jenkins. A. “Evaluating the Effectiveness of Specialist Schools in England”. *School Effectiveness and School Improvement*, 2006, p. 3.

② *See* Milton F. “The Role of Government in Education from Economics and the Public Interest”, the Trustees of Rutgers College in New Jersey, 1996, p. 9.

③ 参见［美］约翰·E. 丘伯，泰力·M. 默《政治、市场和学校》，蒋衡等译，教育科学出版社 2003 年版，第 58 页。

④ 参见［英］杰夫·惠迪，萨莉·鲍尔，大卫·哈尔平《教育中的放权与择校：学校、政府和市场》，马忠虎译，教育科学出版社 2003 年版，第 149—150 页。

大化，最优组合是需要通过要素的投入和产出比多次重复计算得出来的。① 然而桑德拉（Sandra）(2006) 却反驳道，只从要素的投入组合状况和效率来衡量高等教育的发展状况是存在偏差的，这样很容易导致高等院校在要素组合投入和投资规模上产生盲目的攀比，忽略教育的质量和效益进而忘记整个高等教育运行的真正目的和意义，因此仅用这一方法来衡量是远远不够的。② 黛安娜（2003）在高等教育改革背景下系统地研究了高等院校教育资源配置的情况，并且得出了学生素质与教育资源配置之间成正相关的结论。通俗说就是当学生素质越高时，教育资源配置效率就越高。③ 亚历山大·尼古拉. A（Alexander Nicola A）和章·桑泰（Jang Sung Tae）(2017) 研究认为，管理者和教育工作者在研究教育资源公平、合理以及高效分配的同时，也不能忽略学生的学习成绩。④

利用实证方法对教育资源配置问题进行的研究。约翰斯（Johnes）(2006) 搜集了 2000—2001 年 100 多所英国高等院校的数据，并使用 DEA 模型对其进行了分析，结论为改变提供教育的方式不会对效率产生任何影响，并且高等教育的效率都保持在比较高的水平之上。⑤ 艾博特（Abbott）(2013) 利用 DEA 模型和 OLS 分析方法研究了瑞典小学阶段教育资源配置效率和阻碍其配置效率提高的影响因素，认为市场手段配置效率更高，行政性干预会阻碍效率的提升。⑥ 杜费雷乔（Dufrechou）(2015) 收集了美国以南地

---

① *See* Walter W. McMahon, Terry G. *Financing Education: Overcoming Inefficiency and Inequity*, University of Illinois Press, 1982, p. 29.

② Sandra Fisher. "Does the 'Celtic Tiger' society need to debate the role of higher education and the public good?", *Int. J. of Life lone education*, 2006, p. 58.

③ *See* Diane Z H. "Examination of Resource Allocation in Education Connecting Spending to Student Performance", *Southwest Educational Development Laboratory*, 2003, p. 62—65.

④ Alexander N A., Jang S T. "Equity and Efficiency of Minnesota Educational Expenditures with a Focus on English Learners, 2003—2011: A Retrospective Look in a Time of Accountabilit". Education Policy Analysis Archives, Arizona State University, 2017, p. 55.

⑤ *See* Johnes J. "Data Envelopment Analysis and Its Application to the Measurement of Efficiency in Higher Education". *Economics of Education Review*, 2006, p. 273—288.

⑥ *See* Abbott M. "The efficiency of Australian universities: a data envelopment analysis". *Economics of education review*, 2013, p. 89—97.

区 1970—2010 年的相关数据，并对这些数据进行整理分析后发现，公共教育支出在教育资源配置过程中对配置效率产生了很大的调解作用。[①] 特斯泰（Titus ）和伊根（ Eagan）（2016）利用实证的方法对美国高等教育的生产效率进行了检验，并对 SFA 模型在高等教育中的应用提出了一些建议。[②]

3. 关于教育资源公平性问题的相关研究

18 世纪，法国思想家让・雅克・卢梭（Jean-Jacques Rousseau）提出了关于教育公平和教育平等的观点，他是从“天赋人权”的思想中凝练出来的。19 世纪，被称为“美国公共教育之父”的贺拉斯・曼（Horace Mann）提出，要想实现国家的民主化和社会的平等化就要认识到教育是一个很重要的因素，尤其是要充分认识教育的公平性和平等性。他认为国家的每一位公民都应该不分性别、宗教、民族和贫富地享有公平受教育的机会，主张公立学校的制度必须是平等的、自由的、非歧视和非区别对待的。此后便有很多学者对教育的公平问题展开了研究。

（1）关于教育公平影响因素的研究

贝克（Baker）曾提出家庭资本的不足会导致孩子接受教育的机会减少，因此就会使贫穷家庭的孩子接受不到良好的教育，造成学生学业成绩不理想。[③] 雷夫特里（Raftery）和霍特（Hout）（1993）提出了最大化维持不平等理论（Maximally Maintained Inequality，MMI）的假设，其认为只有最高阶层接受到的教育有溢出时，在他们之下阶层的人们才能够得到受教育的机会，因此得出家庭的经济地位对教育机会的获得有直接影响。[④] 卢卡斯（Lucas）

① *See* Dufrechou A. “The efficiency of public education spending in Latin America：A comparisonto high-income countries Original Research Article”. *International Journal of Educational Development*，2015，p. 188—203.

② *See* Titus M A，Eagan K. *Examining Production Efficiency in Higher Education：The Utility of Stochastic Frontier Analysis*. Higher Education：Handbook of Theory and Research. Springer International Publishing，2016，p. 95—100.

③ *See* Becker.，Gary S. *Human Capital：A Theoretical and Empirical Analysis，with Special Reference to Education*. University of Chicago Press，1964，p. 320—356.

④ See Raftery A E. ，Hout M. “Maximally Mainta ined Inequality，Expansion Reform and Opportunity in Irish Education”，*Sociology of Education*，1993，p. 88—90.

(2001) 在最大化不平等假设的基础上提出了有效维持不平等的假设理论(Effective Maintained Inequality，EMI)，他认为高级阶层在数量上得到满足的同时还会有高质量教育的需求，而剩下较差质量的教育则会留给低阶层的人们。① 综上，父辈为了防止子女在社会地位下降，往往会让自己的孩子接受和自己教育程度相同或者是更高层次的教育 (Davies et al②，2002；Becker③，2003；Breen and Yaish④，2006；Holm and Jaeger⑤，2008)。

菲利普·库姆斯 (Philip H. Coombs) 认为社会经济、种族和民族的差异是教育不平等的主要原因，并将其细化为四点：第一，越来越多的公民想要接受到教育；第二，教育资源投入不足；第三，教育结构的老化，无法适应新鲜事物，即使教育资源充足也得不到最大的利用率；第四，地区间的教育水平和观念参差不齐，没有统一的标准导致教学观念的老化。⑥

美国教育服务中心的三位学者贝克·布鲁斯 (Baker Bruce)、法里·丹妮尔 (Farrie Danielle) 和鲁姆·特丽萨 (Luhm Theresa) 对美国中小学 2013 年财政投资的公平性进行了调查，发现各州之间和学校之间的经费投入存在很大的差距，财政资源的配置极不平衡，这显然是与各州政府对学校资源配置指标之间分配的不均衡有关。⑦

---

① Lucas. "Effectively Maintained Inequality: Educations, Track Mobility, and Social Background Effects", *American Journal of Sociology*, 2001, p. 6.

② *See* Davies R, Heinesen E, Holm A. "The relative risk aversion hypothesis of educational choice". *Journal of population economics*, 2002, p. 683—713.

③ *See* Becker R. "Educational expansion and persistent inequalities of education: Utilizing subjective expected utility theory to explain increasing participation rates in upper secondary school in the Federal Republic of Germany", *European sociological review*, 2003, p. 1—24.

④ *See* Breen R., Yaish M. "Testing the Breen-Goldthorpe model of educational decision making", *Mobility and inequality*, 2006, p. 232—258.

⑤ *See* Holm A, Jaeger M M. "Does relative risk aversion explain educational inequality? A dynamic choice approach", *Research in Social Stratification and Mobility*, 2008, p. 199—219.

⑥ 参见［美］菲利普·库姆斯《世界教育危机》，赵宝恒，李环等译，人民教育出版社 2001 年版，第 13、22 页。

⑦ *See* Baker. "Bruce, Farrie, Danielle, Luhm, Theresa. Is School Funding Fair? A National Report Card (Fifth Edition)", *Education Law Center*, 2016, p. 29.

(2) 关于入学/受教育机会公平性的研究

“平等”是人们在社会生活中不断追求的目标和价值，无论社会、经济环境朝着什么样的方向发展，都不能因为性别和种族使学生的受教育机会产生差异。① 在最有限的条件下，教育机会均等化相当于一种事态，教育的竞争不会受到任何排斥和对那些渴望受教育的人产生约束，② 教育机会的平等化就是在一种理想状态下的平等和不平等之间寻找的一种社会的平衡发展。南格尔(1991) 将国家是否干涉教育的公平问题划分为两种态度：积极性的公平或者消极性的公平。积极性的公平是指接受教育机会的公平性是由公民在其中是否遇到阻碍决定的，其可以通过政府采取措施来解决公民所受到的阻碍。③

20 世纪 60 年代中后期，西方学者为了解当时的教育机会均等化情况做了大量的实证调查，在此对各位学者从不同角度对教育机会均等化的理念和观点进行了整理 (见表 2-1)。

詹姆斯 · S. 科尔曼 (James S. Coloman) 分析不均等化入学机会得出存在差异的原因在于学生之间不同的家庭背景：一是物质资本；二是人力资本；三是社会资本。这三项资本因素影响了学生接受教育的机会。④ 科尔曼(1986) 从社会的角度出发探究了教育公平主要表现在四个方面，其中就包括教师和学生进入教育系统中要存在平等的机会和权利。⑤ 查尔斯 · 豪威尔(Charles Howell) 指出在教育资源分配充足的情况下若还有冗余，则富裕家庭的孩子就可以通过金钱来得到这并不缺失的公平。⑥ 还有学者从性别角度对教育公平问题进行了探讨，莫林 (Maureen) (2008) 对高等教育特定专业学

① *See* Schleicher A. ,Pabol Z. “Global Equality of Educational Opportunity: Creating the Conditions for all Students to Succeed”, *Journal of Social Issues*, 2016, p. 696—719.

② *See* Nash, Roy. “Equality of Educational Opportunity: In Defence of a Traditional Concept”. *Educational Philosophy & Theory*, 2004, p. 361—377.

③ Nagel T. *EquaLity and Partiality*, Oxford University press, 1991, p. 26.

④ See James S C. “Equality of Education”, Oxford Review of Education, 1975, p. 25—29.

⑤ *See* James S C. “Leaf development and leaf stress: increased susceptibility associated with sink-source transition”, *Tree Physio*, 1986, p. 36—38.

⑥ [美] 查尔斯 · 豪威尔著：《教育机会与公平分配》，卢昆、王越译，教育科学出版社 2001 年版，第 240—241 页。

生的男女分配比例进行了研究，结果发现在他们之间存在入学机会的差异。①

表 2-1 1960—1970 年各位学者对教育均等化的理解和观点

时间	代表人物	代表作	主要观点
20世纪60年代中后期	詹姆斯·S. 科尔曼 (James S. Coloman)	《教育机会均等》②(1966) 《教育机会均等的意义》③(1975)	①主张从结果角度，即学业成就来判断教育机会均等 ②政府应保障公众获得均等的教育机会
	安德森 C. A (Anderson C. A)	《教育规划中学习小组对社会目标教育需求的社会学因素》④(1967)	①每个人接受到的教育应该是一样数量的；②统一教育标准；③挖掘学生的特色发展；④提供继续教育的机会
20世纪70年代	克里斯托夫·詹克斯 (Christopher Jencks)	《不均等：对美国家庭和学校影响的重新界定》(1972)	教育机会均等的有效办法是结果平等⑤
	托尔斯顿·胡森 (Torsten Husen)	《社会背景与学业成就》⑥(1972)	认为"机会"是一个可变化的标准，并提出了起点、过程和结果等新的概念

（二）国内相关文献综述

1. 对于普通高中教育的研究

普通高中教育是一个国家、一个民族培养青年一代中非常重要的一环，

---

① Maureen B. "Gender Equity in University Materials Science Departments". The Journal of The Minerals, Metals & Materials Society, 2008, p. 96.

② *See* James S C. *Equality of Education Opportunity*, Washing D. C.: U. S. Government Printing office, 1996, p. 109—212.

③ *See* James S C. "What Is Meant By 'An Equal Educational *Opportunity*'?", *Oxford Review of Education*, 1975, p. 76—79.

④ *See* Anderson C A. *Sociological Factors in the Demand for Education in Social Objectives in Educational Planing by Study Group in the Economics of Education.* OECD Pairs, 1967, p. 30—47.

⑤ *See* Li ChunLing. "Sociopolitical Change and Inequality in Educational Opportunity—Impact of Family Background and Institutional Factors on Educational Attainment (1940—2001)", *Chinese Sociology and Anthropology*, 2006, p. 6—36.

⑥ 参见［美］托尔斯顿·胡森著《社会背景与学业成就》，张人杰译，云南教育出版社 1991 年版，第 115—128 页。

世界各国都十分重视高中阶段的教育。① 目前对于普通高中教育的研究主要集中在以下几个方面：

(1) 关于普通高中功能定位的研究

充分认识普通高中教育具有承前启后的特殊作用。薛二勇、傅王倩和李健认为，普通高中阶段的教育在国民教育体系中有着承前启后的作用，它是义务教育和高等教育之间的重要枢纽。在新时代背景下，普通高中教育普及是义务教育优质均衡发展、高等教育大众化的必然选择。② 张华教授认为："普通高中教育是基础教育的高级阶段、最后阶段，以培养每一个高中生的自由个性为根本目的。"③ 朱益明（2020）认为将高中阶段的教育作为义务教育之后学生各方面的能力和素质，这应该成为高中教育阶段最基本的思想。④

对普通高中教育功能的认识不断深入。郭君、王爱琼和莫容等通过分析我国普通高中教育功能的演变历程和社会发展的制约因素对现代普通高中教育的升学、就业和育人三项功能有了更深入的理解。⑤ 王会霞（2019）认为，从现实中的高中教学情况来看，普通高中教学课程的设置与评价系统和升学系统各自为政，因此升学和就业这两项高中教育的功能就很难融合在一起。⑥ 随着经济的快速发展，社会越来越需要具有更高综合素质的人，因此普通高中教育的定位应立足于"育人"，为学生的终身发展奠定基础。⑦ 梁茜（2020）把普通高中教育界定为旨在促进学生全面而有个性的发展，为每位学生掌握

---

① 参见李静《现阶段我国普通高中教育功能研究》，辽宁师范大学 2016 年研究生院硕士学位论文。

② 参见薛二勇、傅王倩、李健《我国普及高中教育的形势、问题与路径》，《中国教育学刊》，2020 年第 10 期，第 27—33 页。

③ 参见张华《论我国普通高中教育的性质与价值定位》，《教育研究》2013 年第 9 期，第 67—71 页。

④ 参见朱益明《新时代普通高中学校发展定位与导向》，《人民教育》，2020 年第 23 期，第 13—16 页。

⑤ 参见郭君、王爱琼、莫容等《普通高中教育教学功能现状与改进措施研究》，《教师教学能力发展研究》，2018 年第 15 期，第 71—74 页。

⑥ 参见王会霞《当前我国综合高中发展面临的现实困境与建设路径》，《教学与管理》，2019 年第 21 期，第 22—25 页。

⑦ 参见程丹丹、葛新斌《关于高中教育定位问题的若干省思》，《清华大学教育研究》，2019 年第 3 期，第 97—103 页。

知识、态度、技能、价值观与社会情感品质以适应社会生活、接受高等教育和发展未来职业的教育。① 2019 年，国务院印发了《关于新时代推进普通高中育人方式改革的指导意见》，该文件提出应扭转普通高中教育中的片面应试教育倾向，切实提高育人水平，为学生适应社会生活、接受高等教育和未来职业发展打好基础；深入推进适应学生全面而有个性发展的教育教学改革。②

（2）关于普通高中教育发展的研究

在提升普通高中教育普及水平方面存在共识。《中国教育现代化 2035》和《加快推进教育现代化实施方案（2018—2022 年）》对高中阶段的教育进行了战略性的部署和安排，并且制定了“提升高中教育的普及水平”的战略要求，③ 要实现普通高中教育的普及，让更多的新增劳动力接受到高中阶段的教育。判断普通高中教育普及水平的一个核心标准就是高中阶段的毛入学率，以下是笔者根据查找的数据绘制的 2012—2022 年高中阶段的毛入学率分布图（见图 2-1）。由图 2-1 可以看出，我国高中阶段教育的毛入学率正在逐年上升，并且在 2020 年达到 91.20%，完成了《高中阶段教育普及攻坚计划（2017—2020 年）》提出的让更多初中生接受到高中教育的目标。杨桂青（2013）教授表示，普通高中教育发展的过程就是一个大众化程度不断提高的过程。④ 因此，普通高中教育的全面普及是中国教育事业现代化发展的必经之路和必要选择。

---

① 参见梁茜《普通高中教育过程公平研究》，华东师范大学 2020 年博士学位论文。

② 《国务院办公厅关于新时代推进普通高中育人方式改革的指导意见》http://www.gov.cn/zhengce/content/2019-06/19/content-5401568.htm(2019-6-19)。

③ 参见李建民《“全面普及高中阶段教育”的内涵释要与路径选择》，《教育研究》，2019 年第 40 期，第 73—82 页。

④ 杨桂青：《2012 普通高中定位之辩——对普通高中教育定位讨论的回眸》，《中国教育报》，2013 年 1 月 2 日。

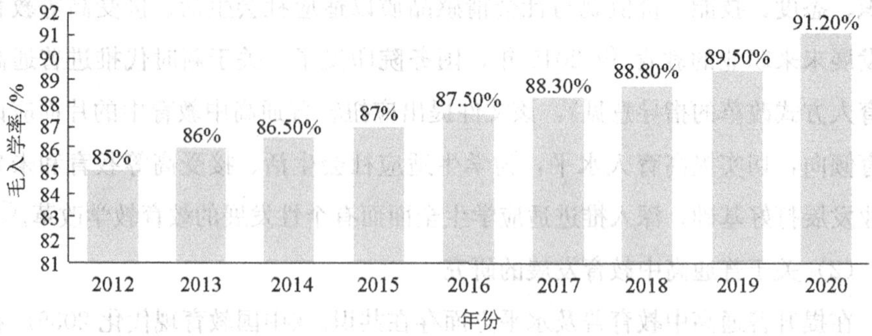

图 2-1　我国 2012—2020 年高中阶段毛入学率

主张普通高中学校多样化发展。卢立涛（2007）在全球化发展的背景下强调了普通高中教育的发展趋势：建设多元化的学校结构和设置多样化的课程安排，以多方面、多样化和多层次的方式来定位普通高中教育的发展。[①] 杨建超和孙玉丽（2014）指出，随着新时代的发展，个人对普通高中的教育需求变得越来越多样化，原来单一的普通高中教学模式已经不能满足现在学生们的教育需求了，因此高中教育多元化发展成为必然趋势。[②] 黄晓玲（2016）指出，对于普通高中教育要以理性思维去看待其内在动力、政策措施和发生机制，建立满足学生多样化发展和学习需求的“立交桥”。[③] 余凯和谢珊（2020）为推动普通高中教育的多样化发展，在国家、地方、学校和社会这四个层面进行了研究，同时为促进普通高中教育更好地发展提出了有益的对策措施。[④] 张宝歌、韩嵩和焦岗（2021）认为，对“民办高中”“自主招生”“以市为主”“高大衔接”“高中校长”等政策、制度的管理、完善和改革，对推

① 卢立涛：《全球视野下高中教育的性质、定位和功能》，《外国教育研究》，2007 年第 4 期，第 35—38 页。

② 参见杨建超、孙玉丽《高中教育的历史演进及启示》，《河北师范大学学报（教育科学版）》，2014 年第 5 期，第 46—51 页。

③ 参见黄晓玲《新时期我国高中阶段普职融通的理性审思——兼论高中教育综合化发展趋势》，《河北师范大学学报（教育科学版）》，2016 年第 1 期，第 57—61 页。

④ 参见余凯、谢珊《普通高中教育多样化发展的问题分析与政策建议》，《教育治理研究》，2020 年第 2 期，第 40—45 页。

动高中多样化发展具有现实意义。①

提倡尊重学生个性发展的课程设置。傅维利（2015）曾在《新教育目的观如何确定》中对我国的教育目标进行了新的说明：教育就是培养学生德智体美劳全方面发展，发现学生的兴趣、爱好，充分发挥个人特色优势，将学生培养成为合格的、优秀的社会主义接班人。② 皇甫林晓（2020）分析了我国当前普通高中教育在学生特色化发展中存在的各种问题，并从不同角度进行了透彻的研究，最终得出要回归学校本身来完善和调整普通高中教育多样化的办学支持体系，从而促进学生的个性化发展。③ 陈剑钰（2021）认为高中学校在必修课之外要充分发挥选修课的作用，从中挖掘学生的潜能和兴趣，积极打造校园的特色课程，满足学生的个性化发展，实现普通高中特色的办学理念和品质追求。④

由此可见，我国对于普通高中教育越来越重视多元化的发展，越来越关注学生的个性化发展了，由之前的社会本位发展到综合考量再到个体发展，即在满足社会发展的同时彰显出个人发展的价值。

2. 关于普通高中教育资源配置方式和配置效率的研究

（1）对于普通高中教育资源配置方式的相关研究

综合整理文献发现，专门针对普通高中教育资源配置方式的研究非常有限，既有研究主要从教育资源配置的整体视角展开，可以概括为以下两点：

一是认为教育资源配置的方式主要有计划和市场两种方式。王玉昆（2005）认为教育资源配置的方式不止一种，有计划型资源配置方式和市场型资源配置方式，还阐述了非制度因素对资源分配方式的影响。⑤ 王善迈

---

① 参见张宝歌、韩嵩、焦岚《后普及时代普通高中多样化制约机制及对策思考》，《教育研究》，2021 年第 1 期，第 83—95 页。

② 傅维利：《新教育目的观如何确定》，《光明日报》，2015 年 9 月 8 日。

③ 参见皇甫林晓《我国普通高中特色发展的现实困境及提升路径》，《当代教育科学》，2020 年第 1 期，第 65—70 页。

④ 参见陈剑钰《普通高中"引发教育"的内涵与实践探索》，《上海教育科研》，2021 年第 7 期，第 93—96 页。

⑤ 参见王玉昆《教育经济学（第二版）》，华文出版社 2005 年版，第 178—185 页。

(2000) 提出教育资源配置方式应遵循机会均等原则，即保障有权利享受教育资源的任何一个个体都有均等的机会占用教育资源，并且计划手段和市场手段是教育资源配置主要手段。①

二是认为配置方式的选择受特定因素影响并会产生不同效果。徐文 (2007) 从教育产权理论出发阐述了不同的教育资源配置方式是由相对应的教育产权形式决定的，即教育产权形式决定教育资源配置是否由市场配置、政府配置或混合配置（市场与政府共同参与的教育资源配置方式）来完成。② 许丽英 (2007) 认为，教育资源配置方式其实就是一种分配教育资源的方法或者形式，教育资源配置方式决定了整个国家或者整个地区教育资源配置的格局。③

(2) 关于普通高中教育资源配置效率问题的相关研究

关于教育资源配置效率问题的研究主要集中在义务教育和高等教育阶段。贺民 (2013) 在公共选择理论视角下认为义务教育资源配置效率低下的直接原因是政府官员寻租权力过大。④ 李元静和王成章 (2014) 通过 DEA 模型测算了全国 31 个省份高等教育资源的使用率，结果显示东部的教育资源配置效率超过了全国平均水平并且明显高于西部地区。⑤ 李航、李成明和曲扶摇等 (2018) 使用 1995—2014 年 30 个省份的面板数据测算出高等教育资源配置的综合效率水平均有提升的趋势，提升速度虽逐渐变缓但状态还是较为稳定的；纯技术效率近些年没有发生明显的变化。⑥ 方秋莲、陈思琪和李彦瑾 (2020) 通过构建全面评价中小学教育资源配置效率的投入产出指标体系，采用数据

---

① 参见王善迈《教育经济学简明教程》，高等教育出版社 2000 年版，第 172 页。

② 参见徐文《教育产权论》，湖北人民出版社 2007 年版，第 32—33 页。

③ 参见许丽英《教育资源配置理论研究——缩小教育差距的政策转向》，东北师范大学 2007 年博士学位论文。

④ 参见贺民《公共选择理论视域下城乡义务教育资源配置效率的再思考》，《继续教育研究》，2013 年第 1 期，第 141—143 页。

⑤ 参见李玉静、王成章《资源配置效率比较分析——以区域高等教育资源配置为例》，《社会科学》，2014，第 32 页。

⑥ 参见李航、李成明、曲扶摇等《资源配置、内涵发展与"双一流"建设分析——来自全国高等教育效率测度的证据》，《技术经济与管理研究》，2018 年第 11 期，第 92—93 页。

包络模型从 DEA 有效以及 DEA 无效两个方面探讨了 2018 年我国各地区中小学教育资源的配置效率。①

关于普通高中阶段资源配置效率问题的研究主要从经费或财政视角进行省际或区域之间的比较。朱茂勇（2015）对我国普通高中教育经费的支出效率进行研究发现，中部地区的资源配置和经费使用率都在比较合理的范围内，其他省份存在的效率差异也在可以接受的范围之内。② 徐彩霞（2019）通过对 2012—2016 年我国普通高中教育财政供给效率的实证分析发现，各省份间的资源利用率是不一样的，且存在着很大差异，政府应建立省际教育效率的比较机制，对资源利用率高的省份财政分配时有一定的政策倾斜，加大对它们的投入，对资源利用率低的省份有一定的政策约束，以倒逼它们进行管理制度改革，提高资源利用效率。③ 金双华和杨艺（2021）对 2013—2015 年普通高中教育资源配置效率进行研究后得出关于资源配置的几个特征：第一，总体上来说资源配置效率良好；第二，资源结构不够合理；第三，省与省之间存在鲜明的不均衡；第四，个别省份存在资源冗余的现象；第五，政府对教育的支持和教育资源配置之间不存在相关性。④

3. 关于普通高中教育资源配置均衡问题的相关研究

（1）实现教育资源均衡配置具有重要意义

叶玉华（2003）归纳总结了教育均衡是指法定的资源分配合理，保证公民相对公平的受教育机会；我国教育事业的重点是实现基础教育的均衡发展，这样才能让普通高中教育均衡发展维持得更长久。⑤ 吴晓刚（2009）研究发

① 参见方秋莲、陈思琪、李彦瑾《基于 DEA 模型的中小学教育资源配置效率分析》，《教育教学论坛》2020 年第 46 期。

② 参见朱茂勇《普通高中教育经费支出效率研究——基于我国中部省份的数据》，《现代基础教育研究》，2015 年第 4 期，第 40—46 页。

③ 参见徐彩霞《我国普通高中教育财政供给效率研究——基于 DEA 和 Malomquist》，河南财经大学 2019 年硕士论文。

④ 参见金双华、杨艺《普通高中教育资源配置效率研究》，《现代教育管理》，2021 年第 1 期，第 53 页。

⑤ 参见叶玉华《教育均衡化的国际比较与政策研究》，《教育研究》，2003 年第 11 期，第 34—38 页。

现，随着教育事业的改革、教育费用的增加，家庭条件比较优越的孩子会得到更好更多的教育机会。[①] 因此，政府要十分重视教育资源配置的均衡问题，资源分配均衡的实质就是教育平等，这对实现我国教育事业的均衡发展有非常重要的意义。[②] 对于普通高中教育资源均衡配置而言，首先要确立教育资源均衡分配的指导思想，其次地方政府要加大普通高中教育资源均衡配置的监督力度，这样才能建立公平的竞争机制。[③] 郑欢欢（2018）提出实现我国教育资源配置在实际意义上的公平能够顺利解决我国在教育资源供给上的难题与矛盾，对我国教育资源均衡配置具有重大意义。[④]

（2）普通高中教育资源配置失衡体现在多个方面

张金芳（2015）分析了普通高中教育资源配置失衡主要表现在四个方面：第一，资金配置失衡；第二，师资配置失衡；第三，物质资源配置失衡；第四，高中生源失衡。[⑤] 赵畔（2017）也从四个方面研究了教育资源配置不均衡的问题，但是又与张金芳的研究结论略有不同：第一，政府在一些资金投入和管制上存在不足；第二，经济发展不均衡；第三，师资方面，教师水平不均等、聘任制度不完善、城乡师资差距大、教师之间存在激烈竞争；第四，“重点学校”突出及管理制度不完善。[⑥]

（3）普通高中教育资源配置存在区域之间的不均衡

李亚勍和沈百福（2009）通过收集2002—2007年的数据对中、东、西部地区普通高中阶段的教育经费来源以及生均教育经费指数进行了地区间的差

① 参见吴晓刚《1990—2000年中国的经济转型，学校扩招和教育不平等》，《社会》，2009年第5期，第88—113页。

② 参见翟博《教育均衡发展：理论、指标及测算方法》，《教育研究》，2006年第3期，第16—28页。

③ 参见冯建军《推进普通高中教育公平的政策建议》，《人民教育》，2010年第23期，第2—5页。

④ 参见郑欢欢《教育资源配置实质公平探索》，《教育与管理》，2018年第30期，第31—33页。

⑤ 参见张金芳《教育公平视角下高中教育资源配置研究》，《华北水利水电大学学报（社会科学版）》，2015年第2期，第46—48页。

⑥ 参见赵畔《我国教育资源配置均衡问题的研究综述》，《高等教育》，2017年第7期，第80—82页。

异比较分析。[①] 张菀洺（2013）通过收集 2000—2010 年的数据分析了我国教育资源分配的情况，结果发现全国范围内的人均受教育年限均在不同程度上有所提升，但是省域之间的教育财政投入存在着不均衡的状况。[②] 彭媛（2014）以城乡高中为对象进行研究发现，城市高中在教育资源配置上存在绝对的优势。[③] 苏飞、莫潇杭和魏敏等（2017）使用集对分析模型对普通高中教育的均等化水平进行了测量，发现“东、西、中”部的均等化水平呈现的是逐渐降低的走势，均等化水平较高的地区主要集中在环渤海地区和长三角地区。[④] 于璇（2021）根据 2005—2018 年全国时序数据和省级面板数据研究发现，教育资源在空间分布上呈现“东西高，中部低”的非均衡分配形式，高中阶段教育资源配置的总体差异是逐渐拉大的且地区间的差异是最主要的因素。[⑤]

（4）高中教育资源配置失衡存在多方面的原因

李瑞娥和李伟群（2005）认为国家在政策制度上的缺陷导致了教育资源配置的失衡。[⑥] 张绘（2009）认为教育资源上的不足是造成我国高中教育阶段学校间资源配置不公的主要原因。[⑦] 薛二勇、傅王倩和李健（2020）强调，当前地域、结构、办学、教师四个问题是影响高中阶段教育资源配置均衡的重要因素，并从资源配置与能力建设并重、优化高中学校结构、促进办学体制改革、加强高中教师管理和培养力度等方面提出了精准配置高中教育资源的

---

① 参见李亚勍、沈百福《公办普通高中教育投入的地区差异分析》，《教育科学》，2009 年第 6 期，第 16—20 页。

② 参见张菀洺《我国教育资源配置分析及政策选择——基于教育基尼系数的测算》，《中国人民大学学报》，2013 年第 4 期，第 89—97 页。

③ 参见彭媛《城乡高中教育差异比较研究》，苏州大学 2014 年硕士学位论文。

④ 参见苏飞、莫潇杭、魏敏等《中国普通高中教育均等化及障碍因素分析》，《地理科学》，2017 年第 10 期，第 1478—1485 页。

⑤ 参见于璇《我国高中阶段教育资源配置的地区差异、动态演进与趋势预测》，《教育与经济》，2021 年第 3 期，第 59—69 页。

⑥ 参见李瑞娥、李伟群《我国制度变迁与教育资源分享中的公平问题——一个基于农村和城市人口受高等教育差异的比较研究》，《当代财经》，2005 年第 11 期，第 50—54 页。

⑦ 参见张绘《我国公办普通高中校际间资源配置不公平现象的分析——以我国中部地区某县的调查研究为例》，《现代教育论丛》，2009 年第 5 期，第 40—43 页。

对策建议。[①] 杨颖秀（2007）认为，教育资源配置失衡的原因主要是政策制定在整体上偏向于效率而忽略了公平。[②]

4. 关于普通高中教育公平问题的相关研究

（1）教育公平具有多元价值和意义

教育公平是种价值观，更是一种渗透于教育全过程的制度、条件和实践。一般认为，教育公平包括起点公平、过程公平和结果公平。[③] 教育公平具有平等性价值、公正性价值和补偿性价值等多元价值标准，能够有效保障公民享有同等的教育权利，缩小不同阶层群体之间教育机会获取的差距。[④] 由于受教育机会的多少与个体未来发展密切相关，陈钊、陆铭和金煜（2004）研究发现，教育不公平会让不同地区间人们未来的收入差距逐渐拉大。[⑤] 杨俊、黄潇和李晓羽（2008）利用基尼系数研究了教育不均等与收入差距两者之间的关系，结果发现教育不均等会对个人收入产生重要影响。[⑥] 冯云（2014）通过对2006年中国综合社会调查数据的实证分析得出，教育水平与收入水平之间存在正相关的关系，因此教育不公平现象的增加会扩大收入不公平。[⑦] 现有研究也表明，我国在一定程度上存在着省与省之间的教育公平差异。黎婧尧（2021）通过对2018年省与省教育基尼系数的测算结果进行分析得知，我国省份之间的教育公平存在着一定的差异性，部分省份教育不公平现象较为严重。[⑧]

---

① 参见薛二勇、傅王倩、李健《我国普及高中教育的形势、问题与路径》，《中国教育学刊》，2020年第10期，第27—33页。

② 参见杨颖秀《高中阶段教育公平的缺失及策略思考》，《教育理论与实践》，2007年第21期，第22—24页。

③ 参见郭少榕《论学校教育的微观公平》，《中国教育学刊》，2018年第10期，第68—72页。

④ 参见田正平、李江源《教育公平新论》，《清华大学教育研究》，2002年第1期，第39—48页。

⑤ 参见陈钊、陆铭、金煜《中国人力资本和教育发展的区域差异：对于面板数据的估算》，《世界经济》，2004年第12期，第25—31页。

⑥ 参见杨俊、黄潇、李晓羽《教育不平等与收入分配差距：中国的实证分析》，《管理世界》，2008年第1期，第38—47页。

⑦ 参见冯云《中国教育不平等对居民收入差距影响研究》，东北财经大学2014年博士学位论文。

⑧ 参见黎婧尧《我国教育公平性发展研究——基于基尼系数的计算与分析》，《潍坊工程职业学院学报》，2021年第2期，第19—24页。

（2）高中阶段教育的公平性与其资源配置的公平性密切相关

冯建军（2010）指出，随着我国义务教育的普及和均衡发展，义务教育的公平问题正在逐步解决中。高中阶段教育的公平，尤其是普通高中教育资源的稀缺正成为教育公平的“瓶颈”，择校和高收费等现象引发了社会的高度关注和公众的强烈不满。冯建军进一步指出：“高中教育公平的问题主要集中在资源配置的不公平上。因此，现阶段我国高中教育公平的核心在于实现教育资源的公平配置。”① 郭丹丹（2019）通过深入研究教育不公平的问题，提出现代教育资源分配的不公平会直接影响教育质量的好坏。②

（3）多种因素影响高中教育公平的问题

熊丙奇（2014）通过研究教育公平提出了是特权问题一直阻碍着教育公平的发展，要冲破利益链条的束缚在法治条件下维护教育的均等化。③ 焦开山（2018）提出，教育政策与制度作为一种刚性因素影响着教育资源和教育机会在不同社会群体中的分配，比如，划片入学规定、分地区招生制度、城乡户籍制度等均是通过制度性设置限制了不同群体的教育机会，且对于个体来说，很难能动性地突破这一限制。④ 一些学者根据配置不公这一现象提出了相应的解决策略，马思腾（2020）提出，在推进新时期高中阶段教育全纳式普及和特色高质量发展的同时，必须保障其入口和出口的公平性。可以从两个关键点着手破难攻坚：一是限特权，应限制少数“重点”“超级”高中利用名牌效应优先选择生源的特权，取消“网招生”“特招生”，实现不同学校生源的均衡化。二是重倾斜，将部分优质高中的录取名额分配给区域内的普通初中，促进高中阶段招生公平。⑤ 黄旭霞（2019）在教育公平问题中提出，政府要充

① 参见冯建军《高中教育资源公平配置：取向与原则》，《理论探索》，2010年第9期，第13—17页。

② 参见郭丹丹《教育不平等的发生机制研究》，华东师范大学2019年博士学位论文。

③ 参见熊丙奇《教育公平：让教育回归本质》，华东师范大学出版社2014年版。

④ 参见焦开山《摆脱教育不平等的最后机会——研究生教育机会的不平等及其影响因素》，《社会发展研究》，2018年第5期，第102—121页。

⑤ 参见马思腾《整体推进普通高中教育公平发展的策略组合》，《人民教育》，2020年第21期，第43—45页。

分发挥其宏观调控的作用，以逐渐缩小普通高中在发展上存在的差距。①

5. 基于数据思维对普通高中教育资源配置均衡状况进行测度的相关研究

(1) 科学构建多种测量教育资源配置状况的指标体系

现有文献中，虽然专门构建测量高中阶段教育资源配置的指标体系较少，但是在其他教育阶段使用此方法的文献也具有重要参考价值。翟博（2006）构建了两种不同维度的指标体系对教育均衡状况进行了测量，体系1“教育均衡发展指标体系”包括四个维度：教育机会均衡、教育资源配置均衡、教育质量均衡、教育成就均衡；体系2“教育资源配置是影响教育均衡最重要的因素”包括四个维度：区域教育均衡、城乡教育均衡、学校教育均衡、群体教育均衡。② 刘翔和申卫华（2009）以全新视角出发选取了19个能够反映我国基础教育发展总体水准的指标，之后运用因子分析法构建了指标体系对不同地区基础教育发展水平进行了测算。③ 喻登科、周荣和郎益夫（2012）构建了三级指标，其中一级指标包含：基础教育资源配置水平；二级指标包含：人力资源、物力资源、经费资源和教育产出；二级指标下分别设立了不同的三级指标，这些指标共同构建了一套区域间基础教育资源配置水平和效率的评价指标体系。④ 庞祯敬（2015）运用泰尔指数、功效系数、基尼系数建立了一套针对区域间普通高中教育资源（财力资源、师资资源、物资资源）配置的测量体系，分别研究了区域间普通高中的教育支出、师资资源差异和物资均衡配置状况。⑤ 陈岩（2016）通过改进信息熵的蚁群聚类法、CRITIC权重法、主成分分析法来为高等教育资源配置实证研究提供依据。其中，CRITIC

---

① 参见黄旭霞《公平正义视域下天水市普通高中教育发展研究》，西安科技大学2019年硕士学位论文。

② 参见翟博《教育均衡发展：理论、指标及测算方法》，《教育研究》，2006年第3期，第16—28页。

③ 参见刘翔、申卫华《我国义务教育均等化水平研究——基于省际数据的测度分析》，《内蒙古财经学院学报》，2009年第4期，第93—98页。

④ 参见喻登科、周荣、郎益夫《区域基础教育资源配置均等化指数的测量模型》，《南昌大学学报（人文社会科学版）》，2012年第5期，第151—156页。

⑤ 参见庞祯敬《区域间普通高中教育资源配置均等化实证研究》，西南交通大学2015年硕士学位论文。

权重法是用于研究高等教育资源配置多个指标在评价体系中的权重问题的。[①]

(2) 运用实证方法进行测量与比较

国内学者运用实证方法对普通高中教育资源配置问题进行了一系列的探讨。沈百福（2006）对31个省份普通高中教育生均教育经费和生均学费等财政支持进行了地区间的差异比较。[②] 张长征、郇志坚和李怀祖（2006）用基尼系数测量了我国1978—2004年教育的公平程度，认为与改革开放之初相比，现阶段我国教育公平程度已经有了很大的提升，但是与国际水平相比还是存在很大差距的。[③] 董俊燕（2016）通过对省级面板数据和县级截面数据研究分析了影响省级和县级教育投入的影响因素，建议对于经济落后的地区政府应加大教育经济支持的转移力度，提升普通高中教育质量和教育资源配置的均衡程度。[④] 但总体来看，相关的实证研究依旧偏少，祁占勇和王锦雁（2018）通过对高频关键词的词频统计分析、相异矩阵分析和聚类分析得出，普通高中教育需要加强实证研究和规范研究以避免针对普通高中教育的研究脱离现实轨迹造成理论和现实各行其是，最后导致教育改革或者调整不顺利。[⑤]

(三) 相关研究评述

综上所述，国内外对于教育资源配置、教育资源配置的均衡性等问题都有过不少研究，但是教育资源配置分布于整个教育过程之中（从义务教育到高等教育）。其中国内研究基础教育和高等教育资源配置及均衡度的较多，对于中学阶段尤其是高中阶段教育资源配置的研究相对较少，而专门研究普通高中教育资源配置均衡问题的成果就显得更为有限了。通过梳理关于教育资

① 参见陈岩《高等教育资源配置现状评价与约束机制研究》，西安建筑科技大学2016年博士学位论文。

② 参见沈百福《我国普通高中学费的地区差异分析》，《当代教育论坛》，2006年第10期，第24—27页。

③ 参见张长征、郇志坚、李怀祖《中国教育公平程度实证研究：1978—2004——基于教育基尼系数的测算与分析》，《清华大学教育研究》，2006年第2期，第10—14页。

④ 参见董俊燕《地方政府普通高中教育投入偏好研究——省级及市县级政府视角的实证分析》，《教育与经济》，2016年第5期，第49—56页。

⑤ 参见祁占勇、王锦雁《高中阶段教育政策研究的热点领域与未来展望》，《教育理论与实践》，2018年第8期，第13—16页。

源配置在不同教育阶段的相关研究，我们认为之前学者们对于基础教育阶段和高等教育阶段运用的一些方法和理论基础可以有条件地借鉴到普通高中教育资源均衡配置问题的研究之中。但是需要特别注意，借鉴过程必须结合普通高中教育的实际情况，并融入自己的想法和理解，决不能照搬全抄。最终，笔者根据阅读文献的过程和自己的理解，在充分结合当前河北省普通高中教育资源配置的实际情况后，对国内外相关文献总结了以下几点：

(1) 对国外的相关研究要选择性借鉴

一方面，国外对于教育公平和教育资源配置的相关研究确实早于国内，运用定量分析和实证方法开展的相关研究也较为丰富，一些共识性理论和研究方法非常具有借鉴价值。另一方面，国外虽然对教育资源配置有过不少研究，但是国外的实际情况与国内存在一定差异，在阅读国外研究结果和建议时能够清楚地感觉到其在国内的适应性较低，所以对国外相关研究必须进行选择性的借鉴，不能盲目照搬。

(2) 针对普通高中教育资源均衡配置问题进行定量分析的文献非常有限

首先，既有文献中多是从理论的宏观视角对教育资源配置不均衡问题进行探讨的，并充分阐明了教育资源配置均衡对教育事业健康发展具有很大的影响。但是大部分现有研究只是进行了文字上的描述性分析和简单的统计数据比较，通过建立均衡配置状况的指标体系，运用实证方法将结果数字化呈现出来的相关成果较为有限。其次，在为数较少的相关定量分析文献中也多是针对基础教育和高等教育的资源配置问题进行研究的，涉及普通高中教育资源均衡配置的文献非常有限。最后，在有限的定量分析普通高中教育资源均衡配置问题的现有文献中，基本上都是选用国家层面的宏观数据，对全国不同区域普通高中教育资源配置状况进行比较分析，以某个省为研究对象，依托省级和各地市的中观、微观数据，运用实证方法对普通高中教育资源配置状况进行细致透彻剖析的文献尚未发现，这在一定程度上凸显了本研究的重要价值。

（3）对于教育资源配置均衡性和公平性之间关系的研究相对薄弱

从目前掌握的中外文献来看，学者们在研究教育资源配置的问题中，对于均衡性和公平性的概念缺乏准确辨析，“公平”和“均衡”这两个词对于研究教育资源配置来说基本上处于一种混用或通用的状态。虽然教育资源配置的均衡和配置的公平都与教育的公平性密切相关，但均衡性和公平性有着不同的内涵，所以亟待从理论上按照一定的价值判断标准对教育资源配置的均衡性和公平性进行界定，并通过实证的研究方法对二者之间的关系进行深入研究。这也是作者希望在文章中进行理论探索和力争有所突破的内容之一。

（4）对改善普通高中教育资源配置均衡状况所提出建议的针对性和系统性有待提升

国内学者对于提升普通高中教育资源配置均衡状态的建议基本上是从国家宏观层面展开的，但在各地普通高中属地管理和高考录取以省为单位进行的背景下，既有研究所提的建议缺乏基本的可行性与针对性，只能算是一种理论层面的探讨。另外，现有研究的对策建议大多是就高中而言的，对于教育的连续性和高中教育具有承前启后的特殊性缺乏准确把握，致使所提建议不成系统，相对片面。所以本书力图通过严谨的实证分析，找出造成普通高中教育资源配置失衡和公平性偏低的核心影响因素，进而从一个省域范围内普通高中教育资源配置均衡水平提升的视角给出标本兼治、针对性强且具有现实可操作性的解决路径。

综上所述，本书选择普通高中教育资源均衡配置问题作为研究视域，以河北省作为特定研究区域，通过实证统计、社会调查、文献分析等研究方法对河北省普通高中教育资源配置的效率、均衡性、公平性、影响因素及内在机理做一个全面的分析，并提出相关解决路径，力图填补一些理论和研究方法上的空缺。

二、普通高中教育资源均衡配置研究的理论基础

（一）教育公平理论

教育公平是一个复杂的概念，它受教育阶段、资源条件、文化环境等诸

多因素的影响，具有不同的层次和维度，目前学界对教育公平的概念未能有统一的定义和标准，因此对于教育公平的讨论还需扩展至公平理论以获取启发与参考。约翰·罗尔斯（John Bordley Rawls）在《正义论》中提出了基于公平的正义概念，他认为若要得到最终公正的结果，其实质的正义与程序的正义缺一不可。① 若公平公正作为正义的最终标准和目的，此为实质的正义，同时也需要维护这一公平标准得以实现的正义程序，此为程序的正义。此外，罗尔斯还提出了两个著名的公平性原则，一是自由平等原则，它适用于宪政实质问题，该原则阐述了每个人都应平等拥有一定范围的自由和权利，在此范围之内的自由和权利是个人所拥有的最低标准，它不容许任何集体，哪怕是整个社会，以任何理由任何方式进行侵犯和剥夺。二是差异化优惠待遇与机会均等原则，它适用于解决经济问题和社会问题，其中差异原则是指应当对弱势群体进行资源倾斜和利益补偿，此处罗尔斯又分别从理性与道义两个角度对其合理性进行了论证。机会原则是指机会的平等，即每个人都应享有平等的初始受教育权利和工作机会，其后个体所能拥有发展机会的多少也不应当由诸如种族、性别等先天条件左右，而只应与其自身能力水平相挂钩。同时，罗尔斯还对行使正义的范围做出了限定，他认为正义应作用于社会的基本结构，即作用于主要的政治结构和经济与社会结构，其原因一方面是由于社会基本制度及社会经济规则对生活于其中的个体产生的影响是尤为深刻且难以改变的；另一方面，罗尔斯提出的两项公平性原则，尤其是差异原则必须由社会制度下的政策法规来实施和保障。

马克思主义公平思想是建立在唯物辩证主义和历史唯物主义基础之上的，② 其分析问题是以从事实际活动的人为出发点的，包括人所处的现实环境、人与人在环境中的关系、人在环境中可以被观察到的发展。从马克思的相关著作中可以看出，马克思与恩格斯认为公平产生于人类的客观实践活动中，其实质是对社会现存经济关系的抽象反映，所以公平的内涵并非是永恒

---

① 曹钦：《罗尔斯公平正义理论对中国的现实意义》，《理论与现代化》，2011 年第 4 期，第 19—23 页。

② 刘云凤：《近代以来西方公平思想在中国的传播及影响》，扬州大学 2017 年博士学位论文。

不变的，它由物质生产实践决定，并随着生产力、社会阶段、不同社会成员视角的变化而产生变化的，因此，对社会公平正义的讨论必须要建立在具体经济社会制度之上。马克思认为若要达到真正的公平，就只有发展到共产主义社会的高级阶段，实现生产力高度发达，物质财富极大丰富，实行按需分配，完全消灭阶级和阶层，实现每个人的自由和全面发展。在向共产主义社会过渡的社会主义社会中，受个体能力差异和经济物质水平发展限制，在资源分配方面只能依次遵循按需分配、按劳分配、权利平等原则尽可能地向生产结构靠拢，故我国当前实行的以按劳分配为主，并辅以多种分配方式并存的分配制度以调和生产关系，促进生产力发展。同时马克思的公平思想也在他对二次分配的论述中有所体现，马克思认为国家应当为社会成员提供如教育、保证设施等公共福利，设立社会保障资金，为那些丧失劳动能力的人提供基本生活保障，以降低社会整体的不平等程度。

罗尔斯公平正义理论与马克思主义公平思想是在伦理与社会层面对公平性本身的一种思考，范围较为广泛，其着眼于社会的普适性和制度的操作性。当聚焦至对教育公平性的讨论中，影响力较大的有科尔曼的教育机会均等理论和托尔斯顿·胡森的教育过程公平理论。1966 年，约翰·霍普金斯大学的科尔曼教授带领其课题组根据实践调查写下《教育机会的平等性报告》，该报告主要阐述了四点内容：一是进入教育系统的机会均等，即不问阶层、性别、种族等附加条件影响，所有儿童能够获得免费教育的机会；二是参与教育的机会均等，即存在不同种族、性别、出身的社会群体组别，但每个组别都有相同比例的人数可以获得同样的教育机会；三是教育结果均等，指受教育者所获得的教育价值、教育提升的个人发展能力大致均等，教育能够为受教者传授社会生活技能、行为方式等大致均等；四是教育对未来社会生活发展机会的影响均等，指通过教育来弥补人与人之间既有的社会地位差距，期望于以教育公平来促进社会公平。科尔曼教育机会公平理论论述翔实，但却忽视了对教育过程公平性的探讨，其后诸多学者对此理论提出修正。

胡森提出包含教育起点、教育过程以及教育结果的公平理论。[①] 教育起点均等，是指强调国家要保护每个人的受教育权利；过程均等，是指国家要保障师资力量、教育内容、教育管理方式及师生关系等教育行为的大致相同；结果均等，是指受教育者获得同等质量的教育成果的机会均等。其中起点均等又强调在教育机会有限的条件下考虑经济的合理性、效率性；过程均等强调每位受教育者享受的教育资源的配置和教育过程的质量均等；结果均等则强调要尊重学生的个性差异，因材施教保障结果均等。为了保障教育结果均等，胡森还特别提出了“补偿教育”的观点，即政府应当对受教育弱势群体给予一定的政策补偿，此处的弱势群体不仅包括体智残疾、低收入或低社会地位群体的子女，还包括那些在某些知识领域由于欠缺天分或必要文化背景等，从而在学习中落后于其他人的受教育者。这一“补偿理论”也与马克思主义以社会个体为核心研究对象，以最终实现社会个体的自由全面发展为目的，依据其所处环境、社会关系、行为模式、“以人为本”的教育及教育资源分配理念；强调政府及其所制定的法律法规、规章制度，应当对教育事业的持续投入和不断缩小不同群体间教育质量差距进行有力支持等观点不谋而合。

就当前河北省普通高中教育实践来看，其公平性还有待提高，现阶段仅满足了保障公民受教育的权利。对追求个体所享有的教育起点、教育过程和教育成果均等，以及对经济欠发达地区、偏远乡村、薄弱学校等区域或单位内的受教育弱势群体进行差异化优惠资源补偿等还未能实现。以区域角度来看，教育成果明显不均等，衡水地区升学率明显高于其他地区，城市升学率明显高于农村地区；以群体角度来看，教育过程均等与差异化补偿也未能实现，仍然存在中低收入群体因经济支持力度不足，无法使子女享有优质校外培训资源，从而在高考竞争中处于劣势位置的现实情况。再者对于实现马克思主义“以人为本”，实现社会个体自由全面发展的教育公平思想差距更远。为改善这种不公平现象，现阶段还需依靠政府行为、政策法规力量来保障普

① 钟梦玲：《高考统一命题政策探析——基于胡森的教育公平理论》，《中学政治教学参考》，2015年第18期，第86—88页。

通高中学子的教育机会均等和实行普通高中教育资源差异化优惠补偿。

(二) 教育资源配置理论

资源配置理论起源于古典经济学，随后在社会学、管理学等学科中被广泛应用和借鉴，其分配理念与分配手段对我们探讨教育资源配置问题具有一定的启示意义。资源配置理论认为供需是一组矛盾体，供给有限而需求无限，故该理论解决的主要问题是如何将有限的生产要素进行组合分配，以在社会生产生活各部门各层级间实现优化配置。其配置手段有三，即分别通过自由市场、国家计划和前两者综合的方式来进行资源配置。

古典经济学派认为完全自由市场是优化资源配置的最佳方式，但完全自由市场环境下的社会势必将因个体的逐利行为而产生冲突，且一旦冲突达到一定激烈程度反而造成资源浪费。但新古典经济学派认为完全竞争市场在现实中是难以存在的，他们更注重以生产要素的边际价值来衡量资源的配置方式是否高效。该学派将生产要素看作一般商品，以要素边际生产力与生产成本相均衡、要素供求双方达成价格均衡为判定资源得到资源合理配置的标准。其后福利经济学派又从效率与公平兼顾的角度出发提出了帕累托最优资源配置模型，该模型是指如果当下资源配置方式的改变，既不会使任何一个人的境况变好，也不会使其他人的境况变坏，那么这种资源配置方式就达到了帕累托最优，是效用最大化的资源配置方案选择。

“计划经济”的构想起源于弗里德里希·李斯特（Friedrich List）对《国富论》的批判，他提出了政府对经济干预的必要性和对经济发展的主导性。其思想在 19 世纪作用于德国经济历史学派，形成了主张政府控制经济行为，干预执行计划目标的发展观念。虽然其实质上是一种计划经济思想，但“计划经济”的概念却是在 1906 年由列宁正式提出的，在苏联出现以后开始被不断完善。在计划经济中，资源通过政府指令的形式进行分配而不受市场的影响，国家产业与私人企业都需依据政府指令而运行，这种分配方式虽然可以保障如教育、医疗等公共事业的高速稳定发展，但却无法实现资源在微观层面的有效分配，也容易在政府内部滋生腐败。

新古典综合派则提供了一种较为折中的资源分配思路，即在肯定市场机制应作为资源配置主要力量的基础上，实施政府干预，混合施用为二元配置机制。其中市场负责决定生产的品类、数量、方式等根本性问题，而政府则主要作用于限制垄断、消除外部经济效果和提供公共物品等方面，二者相互配合以避免由现实存在的不完全竞争市场及市场参与者的逐利性带来的“市场失灵”现象，和由政府逐利行为产生的“政府失灵”现象，从而尽可能提高资源的配置使用效率。这种思想也与马克思在《资本论》中所提出的，应当主张在保有供求规律与竞争规律的市场机制分配基础上，[①] 实施政府计划调节的配置思想多有重合之处。

不论何种学派的分配方式，在经济学中资源配置理论往往都是出于效率优先进行配置的，但在教育领域，教育资源本身具有半公共性的突出特点，不应只考虑配置效率，还需在保障公民基本受教育权利的基础上，注重教育资源分配的公平性与均衡性。对照资源配置理论的基本逻辑关系，教育资源分配讨论的问题就是：如何将质与量均已固定的教育相关要素进行组合和分配，并将其置于不同的地区、不同的学龄阶段以及不同的类型中以实现教育资源的优化效率。对教育资源优化效率的衡量标准也应以供需关系为基础进行确立，即区域内教育资源质与量的分配应当与其教育需求相匹配。[②] 这种均衡至少包含三方面的内容：一是教育资源配置要与所有公民要求的受教育机会相均衡；二是教育资源配置的质与量都应恰好满足每个公民因材施教的教育需求，不存在错配、短缺或溢出；三是教育资源配置应给予相对弱势群体以最大限度补偿，向相对弱势的群体、地区、学校倾斜以促进教育均衡发展。[③] 也正由于这三方面的要求，教育资源的配置注定无法以单一的市场配置手段或政府配置手段实现优化，单一的市场配置手段无法实现对平等教育机会与弱势群体差异化补偿的要求，单一的政府配置手段又无法满足个体因材施教的精细化需要，故教育资源配置还应依据当下教育现状与调控需求采取

---

① 周明生：《〈资本论〉：市场决定资源配置理论的经典性科学构建》，《江苏行政学院学报》，2015年第6期，第42—48页。

② 谷峥霖：《云南学前教育资源配置的空间协调性研究》，云南师范大学2021年博士学位论文。

③ 张传萍：《义务教育资源配置标准研究》，华中科技大学2012年博士学位论文。

双重手段，对市场配置与政府干预进行灵活运用。

聚焦河北省普通高中教育配置现状，其一具有优质资源垄断性质的“超级中学”存在，影响了其他普通高中的生源质量和教育资源获取机会；其二非公共产品的课外辅导机构在地区间、城乡间分布不均且收费高昂，致使不同地域、不同收入人群在高考竞争中存在“信息非对称”等因素，普通高中教育市场存在“失灵”现象，教育资源配置难以实现与教育需求相均衡的优化配置。在此情形之下，需运用政策手段进行市场干预，如限制个别“超级中学”生源垄断化，加强普通高中教育公共产品供给力度和供给质量，削弱课外辅导机构的教育功能和地位；通过省域规划直接调控区域教育资源配置格局，以实现普通高中教育资源的供需均衡。

（三）公共产品理论

公共产品的概念最早在18世纪由瑞典经济学家埃里克·罗伯特·林达尔（Erik Robert Lindahl）提出，其后，随着社会的发展，美国经济学家保罗·萨缪尔森（Paul A Somvelson）在1954年对其进行了较为系统的定义，并得到了学界与社会的广泛认可。① 萨缪尔森将社会产品区分为公共产品和私人产品，并指出公共产品与私人产品的差别在于，前者不具有消费的竞争性，即每个公民对公共产品的消费都不会受到其他人的影响，消费者的增多不会导致公共产品生产成本的增加，强调公共产品质和量的稳定。1959年理查德·阿贝尔·马斯格雷夫（Richard Abel Musgrane）又对公共产品的界定做出了进一步完善，提出当部分社会成员拥有公共产品时，不应排斥他人消费的可能，并将非竞争性和非排他性同时作为界定公共产品的标准属性。萨缪尔森所定义的公共产品是纯粹的公共产品，完全由政府财政投入，以满足社会公共需求的目的。与之相对的私人产品，则完全由自由市场来决定。② 但在社会实践中却存在着大量的产品处于公共产品和私人产品之间，即具有不完全的非竞争性和非排他性的准公共产品。也正是由于这两种性质的影响，准公共

① 庞祯敬：《区域间普通高中教育资源配置均等化实证研究》，西南交通大学2015年硕士学位论文。

② 高鹤文：《准公共产品领域国有经济功能研究》，吉林大学2009年博士学位论文。

产品分配的均衡性存在着一定的挑战。与纯粹的公共产品相比，准公共产品的消费数量呈现非均等性。消费数量非均等性是指，在一定时期内，每个消费者对准公共产品的消费数量和获得效用的数量各不相同。这种情况存在于不同地区，不同收入水平的消费者中，也存在于同一地区，收入水平相近的消费者中。此外，准公共产品的消费非均等化的产生还与其供给条件及消费者主观意愿有所关联，即供给条件的差异会导致不同消费者消费数量的非均等化。

普通高中教育资源是一种优效型准公共产品，有益于公民个人和社会整体的发展，具有正外部性，故不论社会中的成员是否具有经济能力、社会地位等条件，只要其有学习意愿且具备义务教育基础，那么就应该享受到普通高中教育资源的产品和服务。对于资源的供给方，约翰·穆勒（John Stuart Mill）就曾以教育为例单独解释了应当由政府来主要承担的原因，他认为由于个人不能对教育的效用做出正确判断，且民办教育也存在办学质量和盈利优先等原因，无法真正使教育的社会价值显化，故政府有责任为公民提供充分、完整的服务。学界对于准公共产品理论的研究重点也不局限于政府供给的必要性和合理性，更多的是研究公共产品供给均衡的条件。如英国福利经济学家亚瑟·赛斯尔·庇古（Arthur Cecil Pigou）就在《福利经济学》一书中提出，政府供给公共产品需要考虑外部性、垄断和规模效益以及社会平等这三方面内容，该理论认为应通过政府行为来淡化准公共产品消费数量的非均等化，或忽略准公共产品的这种特性，即当社会公众的选择积累至一定量级时，政府就应当提供这项服务。

在河北省普通高中教育资源配置实践中，这种由准公共服务特性导致的非均衡现象现实存在着。普通高中教育资源向衡水、石家庄等地的大量聚集，致使教育资源出现了局部竞争性，造成了区域间的不均等。同时，具有私人产品性质的课外辅导盛行，其日趋高昂的费用也已将部分中低收入群体的子女“拒之门外”，使普通高中教育资源显现出局部的排他性。加之我国经济社会已转向高质量发展阶段，高等教育资源需求不断扩大，作为其基础台阶的普通高中教育资源更是早已成为千家万户的普遍需求。在此情形之下，需要政府对普通高中教育资源的配置情况予以干预，弱化其局部的竞争性和排他性，保障资源在不同城市、不同群体间的均衡享有。

(四) 区域均衡理论

“区域”一词被广泛应用在地理、经济、政治、社会等众多学科，且不同学科的概念和解释各有不同，目前尚无统一的定义。如地理学认为“区域”是一定范围的地理空间或地球表面的空间单位；经济学认为“区域”是经济活动相对独立、内部联系紧密且相对完整、具有特定功能的地域空间；政治学的“区域”是指国家实施行政管理的省市县乡等行政单元；社会学更倾向于把“区域”看作是具有人类某种相同社会特征（语言、宗教、民族、文化）的聚居社区。① 区域在本质上是一个空间概念。“均衡”一词的基本概念最初来自流体物理学，指物体通过受力运动达到平衡，从而使其保持相对静止的状态，后被广泛引申至企业管理学、经济学等领域中，并逐渐成为经济学的研究课题之一。按照美国区域经济学家约翰·埃德加·胡佛（John Edgar Hoover）的观点，区域发展一般认为是处于一定的时空范围之内，以区域资源综合开发、产业组织、结构方式优化、地域经济分工等方式进行的一系列经济社会发展活动。区域发展会在不同程度上带来资源的配置和发展环境的改变，即当一个区域经济发展水平低于其他地区的时候，其自身的资源获取也会受到不利影响。最常见的便是经济发展水平高的区域获得越来越丰厚的发展资源，而发展水平较差的地区只能靠国家调控扶持获取发展资源，这对地区间的发展存在较大影响。

区域均衡理论是在一般均衡经济理论的基础上不断发展起来的，是现代经济学均衡理论在经济层面的应用，其发展经历了区域分工、区位理论和新经济地理条件下的经济空间均衡三个阶段。② 以绝对优势理论、比较优势理论和传统国际贸易分工理论为主要代表的区域分工理论认为，各经济地区自然资源及人力禀赋条件各不相同，要通过识别和挖掘不同区域的发展优势，并

① 参见张敦富《区域经济学导论》，中国轻工业出版社 2013 年版，第 5—10 页。

② 参见朱润苗、陈松林《福建省土地利用空间均衡度时空分异及驱动力研究》，《山西师范大学学报（自然科学版）》，2021 年第 3 期，第 96—105 页。

与其他地区进行交换和补偿，从而实现自身区域的利益最大化和空间均衡发展。区位理论的主要代表观点有约翰·海因里希·冯·杜能（Johann Heinrich Von Thünen）的农业区位论、阿尔弗雷德·韦伯（Alfred Weber）的工业区位学理论、克里斯塔勒（Christaller）的中心地理论等，其核心思想就是在特定的地理区域内，空间主体与地理区位、交通、成本等要素相结合，实现最佳的空间区位选择及空间区内经济活动的优化组合，从而达到特定地域内的空间均衡。随着社会的发展，新贸易投资分工理论的主要代表人保罗·克鲁格曼（Paul·R. Krugman）将规模报酬递增和不完全竞争理论引入空间经济均衡分析中，建立了"核心—边缘"区域动态均衡模型，并对一个经济区域如何由孤立不平衡发展转变为相互关联均衡协调发展的区域系统进行了详细的阐释。①

第二次世界大战后，随着工业化的不断深入发展，区域经济发展不平衡的问题逐渐凸显，这促使着越来越多的区域经济学家意识到空间结构在经济发展中的重要性，在这一过程中有关区域均衡发展和非均衡发展的众多理论逐渐形成。均衡发展理论过分强调市场机制的调控作用，认为只要在完全市场竞争条件下，价格机制和竞争机制会自动促使社会资源实现最优化的配置。在计划经济时期，以创造社会财富、消灭经济发展不平等的均衡发展理论确实起到了重要作用，但由于过分强调区域间的平衡协调和过于看重资源的平均分配，忽视了区域优势发挥和经济效率的提升，与发展中国家的客观现实距离太大，在一定程度上不利于国民经济的快速发展。非均衡发展理论主张首先发展具有辐射和带动作用的主要门类，通过这几个主要门类的均衡发展带动其他门类的均衡发展，进而逐步降低差异，实现均衡发展。区域增长极理论的代表人物费里德曼通过实证研究指出空间结构的演变与经济增长具有相互影响和相互制约的作用，空间经济核心区域居于主导，而经济空间的边缘地区的发展依赖于核心地区。点轴发展理论认为生产力的发展会导致经济

---

① 参见张玉泽、张俊玲、程钰等《供需驱动视角下区域空间均衡内涵界定与状态评估——以山东省为例》，《软科学》，2016 年第 12 期，第 54—58 页。

主体不断集聚，在空间上形成中心点，由于集聚效果的自身要求，中心城市之间和周围各区域之间形成了便于联系的轴线，并且轴线随着中心城市点的增多，区域经济发展程度也在不断加强。涓滴理论提倡在经济发展过程中由优先发展起来的群体或地区通过消费、就业等方面惠及贫困群体或地区，带动其经济发展和促进共同富裕，从而更好地促进经济持续增长。

当前河北省普通高中教育资源已经出现了区域间的发展不平衡，以衡水中学为代表的“超级中学”吸纳了大量的教育资源，且与落后地区的教育差距逐步拉大，长此以往极易产生区域间的发展矛盾，不利于教育公平性的体现。鉴于区域均衡理论对河北省教育资源配置的空间规划、均衡布局具有一定的借鉴和指导意义。因此，在研究普通高中教育均衡发展问题时，对于已经产生的不均衡状况，要充分利用涓滴效应，为先进地区和落后地区建立连接，把先进地区的教育理念、技术方法、资源要素向相对落后地区传递和倾斜，实现优势带弱势，不断缩小发展差距，以达到教育的均衡。同时也可借鉴点轴理论，利用交通网络、区域经济、社会文化等轴线把学校连接起来，以点带面，充分发挥中心学校的辐射带动作用，通过适度集团化办学，不断完善和优化社会教育资源综合配置，从而真正实现河北省普通高中教育资源的合理配置。

（五）教育的层级衔接——系统论

1937 年美籍奥地利人、理论生物学家贝塔朗菲（L V Barta Lanffy）提出一般系统论原理，系统论探讨了各学科普遍具有的基本规律，其主要思想是将作为研究对象的事或物看作一个系统来进行分析，① 由于原理具有较强的宽广适用性，故支撑了不同领域大量的理论及实践研究。教育也可以被看作为一个系统的整体，普通高中教育作为教育过程整体中的一个子系统，上接高等教育子系统，下衔义务教育子系统，既独立发挥着自身功能，又衔接并影响着其他子系统。各部分在系统整体中都具有相对固定的结构与层次，彼此

① 参见叶立国《系统科学理论体系的重建及其哲学思考》，南京大学 2021 年博士学位论文。

间即协作又干扰，共同构成了教育系统的整个形态。①

整个教育系统按照学前教育、义务教育、高中教育和高等教育层次顺序来为国家和社会培养所需的人才。普通高中教育是教育系统中的一个子系统，与其他子系统既有区别，又存在一定联系。其区别在于普通高中教育既不像义务教育是受国家保护的公益性事业，在教育机会上要求公民人人享有，也不像高等教育，在教育目的上以培育某一方向的专业化人才为目标。普通高中的教育机会受公民个人及家庭意愿、义务教育阶段完成后的能力程度决定，其教育内容也较为宽泛，是对受教育者能力或兴趣的进一步挖掘。但普通高中教育也有与系统整体和其他子系统存在必然的联系与影响，普通高中教育无法独立完成对社会人才的培养，它仅作为义务教育与高等教育衔接的子系统存在，是整体系统中的一环，对后影响着高等教育的人才输送类型，对前影响着义务教育阶段的培养计划。

当前河北省普通高中教育现状，以衡水中学为代表的教育形式确实提升了学生的高考成绩，提高了省域普通高中的教育质量，但这种教育模式却引发了省域内义务教育阶段"内卷化"现象的日益加重，致使课外辅导班和跨区域择校等现象盛行，如此种种势必影响对教育投入相对薄弱的中低收入群体的子女接受高等教育的机会，影响到高等教育阶段的人才划分机制。且再将视野进一步放宽，当教育作为一个子系统归属于整个社会系统时，教育系统如不能维持其自身的公平性，那么将对整个社会系统产生负面影响，如地区发展不均、阶层流动停滞、生育率降低等问题。故此，对普通高中教育的建设与改进不可局限于片面，而是要从整体性、系统性出发进行规划与设计，确保其与其他子系统相互衔接、互相协同，共同促进教育系统朝着公平有效、运行有序的方向发展。

（六）人力资本理论

西奥多·W. 舒尔茨（Theodore W. Schultz）将人力资本定义为体现在

---

① 参见张涛《新高考影响下高中教育与大学教育衔接研究》，海南师范大学 2021 年硕士学位论文。

劳动者身上的一种资本类型，这种资本与其他物质资本一样包含数量和质量的概念。① 他所提出的人力资本理论认为，人是影响经济发展诸因素中最为关键的因素，经济发展的好坏主要依赖于劳动者技能知识的积累和进步程度，而非自然资源的丰瘠或资本的多寡。同时，他也肯定了教育对人力资本发挥的正向作用，认为其是促进劳动者知识积累和进步的有效手段，它不仅直接与经济增长相关联，还能促使社会财富分配的差距减小。舒尔茨通过三个原因分析了教育是如何正向作用于收入分配差距的，一是受教育是提高个人收入的有效途径，劳动者的工资差别主要来自其受教育程度，故提高低收入者的受教育水平，使其获得提高个人收入的能力就可以有效减小收入差距。二是提高社会整体受教育水平，使得不同教育程度之间的相对收入差距缩小。即当高知劳动者不再是稀缺资源，那么市场为其教育水平而提供的部分工资也会相对减少。三是人力资本投资的增加可以使物力资本投资和财产收入趋于下降，使人们的收入趋于平等化。

但随着时间的推移，人们在实践中发现人力资本理论并不能完美地解释教育投入与经济增长的关系。随即筛选假设理论被迈克尔·斯宾塞（Michael Spencer）和罗伯特·默顿·索洛（Robert Mertor Solow）提出，他们否认了教育不是有效提高劳动者工作能力的途径，它只是一种用来区分劳动者个体能力差异的手段而已，不同程度的受教育层次代表了劳动者不同的工作能力，即仅将教育看作一种反应劳动者个人能力的信号。② 教育的这种信号功能所带来的好处是可以在劳动力市场上帮助雇佣者了解除去那些显而易见的，诸如被雇佣者的性别、人种、国籍等直观信息，可以更进一步地了解劳动者在日后工作中可能展现出来的工作能力。但筛选假设理论存在一个问题，如果雇佣者没能准确地将职位要求的能力与教育程度所代表的能力相匹配，而是一味地对待聘劳动者的受教育程度提出尽可能高的要求，那么长此以往不仅难

① 参见［美］西奥多·W. 舒尔茨《人力资本投资：教育和研究的作用》（前言），蒋斌，张蘅译，商务印书馆 1990 年版，第 2 页。

② 参见宁光杰《发展中国家教育的信号功能及其失灵》，《清华大学教育研究》，2006 年第 5 期，第 55—63 页。

以带动经济的增长，反而会造成教育资源和劳动力资源的溢出与浪费，反而会对经济发展起到反向抑制作用。

劳动力市场分割理论产生于20世纪60年代初，二元劳动力市场模型是劳动力市场分割理论的基础，该理论模型最早由彼得·多林格尔（Peter Doeringer）和迈克尔·皮奥雷（Michael Piore）提出。其核心观点是将劳动力市场划分两级，具体来看，一级劳动力市场要比二级劳动力市场所提供的工作更令人青睐，它将为劳动者提供相对丰厚的报酬和福利，概率较高的晋升机会，较为规范的管理办事流程，以及较为安全和稳定的工作条件等。对二级劳动力市场产生的原因，多林格尔和皮奥雷认为这与技术进步带来的分工有直接关联，随着技术的进步与产业结构划分的不断明确，雇佣者对劳动力的专业技能要求也越来越高，最关键的是劳动要素日益回归劳动者主体，在此情形之下，雇佣者为确保生产要素投入的稳定性，就必须为劳动者提供更优渥的工作待遇，所以通常构成一级劳动力市场的经济部门要较二级劳动力市场具有更高或更具独特性的工艺或科技水平。在此模型中，教育也被看作是一种代表了劳动者个体工作能力的信号，越高的教育程度则代表了该劳动者本身所具有的能力、接受的培训和适应环境的能力越强，可以成为其进入一级劳动力市场的资格凭证。此外该模型还进一步强调了两级市场对劳动者自身可能产生的影响，由于两级劳动力市场在工作质量要求、管理制度规则和人才培训机制等方面长期存在差异，故分别工作于两级劳动力市场中的劳动者的能力差距会随着时间的推移而愈发增大，由此使二级劳动力市场劳动者向一级劳动力市场跃迁的可能性不断降低，导致这些劳动者难以对其职业生涯与社会地位做出根本性改变，因此劳动者个人的初始受教育水平就对其能够进入哪一级劳动力市场，以及在获得怎样的薪酬待遇与社会地位上起到了重要影响。

人力资本理论中的教育兼具人才培育与人才筛选两种功能，即培育功能与信号功能。其培育功能越强表明获得的学历越高。[①] 就教育的信号功能来说，其本意是为了通过学历筛选，将不同能力的劳动者相区分，进而为雇佣者提供岗位聘用参考。但当岗位稀缺或教育过度的情况出现时，教育的信号功能、人才挑选作用就将被弱化，劳动者通过教育获得的人力资源成本将远超出胜任工作的必需成本，从而造成社会资源的浪费。在河北省普通高中教育实践中，教育的信号功能由劳动力市场筛选转化为高等教育资格，但当稀缺的高等教育资源与校外培训机构过度发展时，教育的信号功能就会减弱，高中生及其家长不得不在教育上付出更多的精力与财力，由此形成教育的恶性竞争。

三、普通高中教育资源均衡配置的相关概念界定

（一）普通高中教育

我国高中教育是建立在九年义务教育基础之上的更高一级的教育，由普通高中、成人高中、职业高中、职业中等专业学校、中级技工学校、中等师范学校组成。本书仅对其中的普通高中教育做出探讨，研究对象涵盖公办高中、民办高中和混合所有制高中三种类型的普通全日制高中学校，不涉及中等职业教育等。

2003 年我国教育部印发了《普通高中课程方案（实验）》，其中明确指出："普通高中教育是在九年义务教育基础上进一步提高国民素质、面向大众的基础教育"，这一界定是将普通高中教育归于基础教育的范畴。虽然普通高中教育未囊括进我国义务教育的范围，但其作为面向大众的义务教育的延伸，也具有一定的普及性与公共性。普通高中教育从微观层面来说，既是文化知识、品德修养、体育健康等内容的重要教授与传播场地，又是衔接义务教育与高等教育的重要桥梁，更是帮助受教育者实现个性形成、自主发展的预社会化平台，对公民的个人能力与人生发展有着重要影响；从宏观层面来说，

① 参见赵凯、赵昕东、张绿原《教育、风险与"名校"效应：理论模型与实证分析》，《教育与经济》，2019 年第 5 期，第 18—29 页。

普通高中教育肩负着国家立德树人、育才造士，提高全民族科技文化素质以实现国家繁荣强盛的重要使命。

（二）普通高中教育资源

参考经济学对资源的分类，普通高中教育资源可以分为有形资源与无形资源两种。有形的普通高中教育资源包括投入到教育活动中的土地、校舍、教学设施等物质性资源；[①] 无形的普通高中教育资源则包括附着在教育者身上的教学经验、被教育者身上的个人初始能力、管理者身上的组织经验等人力资本，以及教育信息、教学特色、教学口碑等。由于人力资本与劳动者主体不可分割，故在实践中我们往往通过对教师、管理者与学生的分配来实现对教育资源的分配。

在一些学者的观点中，教育资源是学校提供教育服务所必需的生产要素和条件，而学生是学校教育服务的主要对象，所以学生不属于教育资源的范畴。但这种观点存在一定的局限性：一是忽略了学生的主观能动性，将学生作为了一种对教育内容无差别被动接纳的“容器”；二是仅对教育的过程进行了强调，而忽略了教育的结果与目的。笔者将学生列入教育资源范围的原因有三点：第一，学生是教育行为发生的必要元素，参与教育活动的整个过程，是教育价值得以附着和展现的载体，其个体能力在教育活动中的作用发挥与质量改变是同步发生的。第二，学生个体能力的差异与教育结果有直接关系。高中教育并非起点式教育，受教育者均已完成了九年义务教育，彼此之间由先天伴生与后天培养所共同产生的能力差异现实存在，即便是在同一教育过程条件下，不同受教育者之间的能力差也会导致最终教育成果的不同。第三，受教育者在高中阶段的归属地区并非是固定不变的，自身存在一定的流动性，其自身流动性又必然会直接或间接带动教育活动的资源流动。直接参与资源，如学生缴纳的学费、教育信息等；间接参与资源，如因学生流动带来的学校周边住房、服务产业经济的增长，这种经济增长可能会进一步促使当地政府对教育资源进行更多的投入。如此可见，学生对普通高中教育过程和普通高

① 参见徐文《教育产权论》，华中师范大学 2004 年博士学位论文。

中教育结果均可产生直接影响，故有必要将其考虑进均衡配置中，本书也据此将受教育者纳入教育资源中的一种。

（三）普通高中教育资源配置的效率

经济学中的资源配置效率是指在一定的技术水平条件下各投入要素在各产出主体的分配所产生的效益，在投入不变的条件下，通过资源的优化组合和有效配置，效率就会提高，产出就会增加。现将经济学的这一概念延伸到普通高中教育资源配置问题中，普通高中教育资源配置效率就是投入的普通高中的教育资源对普通高中最终教育结果所产生影响的关系。研究普通高中教育资源配置效率的目的是对既定投入的教育资源加以合理配置并追求更优的组合方式，以此来获得教育结果的最优化。但此处需要注意的是，在我国当前发展阶段，普通高中教育资源的“合理配置”不应再遵从经济学中“效率优先”的基本配置理念了，而应采取以大众化和普及化为目标的“公平优先”配置理念，明确普通高中教育资源的公平配置是现阶段我国高中教育最优化的价值取向。

（四）普通高中教育资源配置的公平性

普通高中教育资源配置的公平性需通过普通高中教育的公平性来体现。通过对公平正义理论的借鉴与论述，本书以教育机会公平、教育过程公平和教育结果公平来定义普通高中教育公平的标准。普通高中教育机会公平指的是凡有九年义务教育基础，且持有接受高中教育意愿的公民都应享有平等的接受高中教育的权利；教育过程公平指的是具备不同能力水平的高中准入生，在高中教学活动过程中能够依据自身的差异化需求利用和享用一切有形教育资源与无形教育资源；教育结果公平指的是受教育者获得的教育价值能够与其个人发展能力大致均等。将这一标准放置于省域范围内讨论则是，使得归属于不同地市的受教育者获得的教育价值的水平较为均衡，这种区域条件下的均衡可以表现为各地市高考成绩与各层次高等教育学校录取率大体持平。

在河北省普通高中教育实践中，教育机会公平已基本实现，教育过程公平与结果公平成为能否实现教育公平的重要标准。但教育过程的公平性判定存在个体化差异且主观性较强，难以统一标准且无法量化统计，故本书选取教育结果数据作为判定教育公平性的主要依据，能够在一定程度上反映出普通高中教育资源配置公平性的现状。

（五）普通高中教育资源配置的均衡性

普通高中教育资源配置均衡指的是教育资源中有限的有形资源与无形资源在以政府决策为主导、市场机制为补充的配置下，以最优化的组合方式合理分配到各区域间并得到充分利用，借此实现各区域内教育资源需求与供给的均衡，以及实现各区域间的教育机会均衡、教育过程均衡与教育结果均衡。当前河北省普通高中教育实践已经出现了区域间教育资源配置的不均衡，以衡水中学为代表的“超级中学”吸纳了大量的教育资源，导致教育资源配置不均衡，长此以往极易产生区域间的发展矛盾。故本书偏向于讨论普通高中教育资源配置地区间的均衡问题。

第三章　河北省普通高中教育资源均衡配置状况分析

实现普通高中教育均衡发展要以普通高中教育资源投入和分配的有效性和合理性为前提，通过按需分配合理利用有限的普通高中教育资源，这样才能不断提高普通高中教育资源配置的均衡性，以达到相对公平的教育环境。普通高中教育资源的配置效率在一定程度上反映了配置状况，同时配置效率之间的差距体现了配置的不均衡性。本章先从普通高中教育资源配置效率的角度出发，分析河北省普通高中教育资源的运行效率、投入产出状况，进而探讨河北省普通高中教育资源配置的均衡性。

一、河北省普通高中教育资源配置效率分析

普通高中教育资源配置就是在高中教育活动中对教育投入的有限资源加以合理配置，并追求以最优化的组合方式获得最大化的产出成果。教育资源配置的目的是通过教育资源的科学分配以及有效利用来实现效益最大化，促使其所在地区、城乡、学校之间的分配均衡。教育资源配置效率主要研究教育资源的投入与产出问题，强调的是教育总投入与总产出之比，通过效率测度这一重要途径可以很好地衡量教育资源配置的效果。本书通过对河北省普通高中教育资源配置效率进行测算，分析河北省普通高中教育资源配置的现状，为进一步优化普通高中教育资源配置提供一定的参考依据。

（一）研究方法

目前在测度效率的方法中 DEA 模型运用得比较多，该方法是由查恩斯（Charnes）、库伯（Cooper）和罗兹（Rohodes）在 1978 提出的，是一种采用

数学规划模型对具有相同类型的多投入、多产出的决策单元进行综合效率测量和有效性排序的分析方法。普通高中教育资源配置可以说是一种多投入多产出的活动，其中投入与产出的关系很难用确切的函数来表示，采用 DEA 模型对其进行效率评价能够提高研究的客观性，目前已广泛应用于教育资源配置效率的研究中。DEA 模型众多，传统 DEA 模型可以计算得出综合效率值，但效率值最大局限于 1 且无法进行动态分析；超效率 DEA 模型可以解决传统 DEA 模型中效率值最大为 1 的问题，但效率值无法进一步分解。① 基于以上两种模型无法对面板数据的效率进行计算的缺点，笔者引入了 Malmquist 指数模型进行效率分析。为了能够全面、动态地分析不同区域教育投入产出效率的变化和差异，本书最终将采用以上三种模型进行测算。

1. 传统 DEA 模型

传统 DEA 模型主要包括 CCR、BCC 模型。CCR 模型假设规模收益不变（CRS），计算得出综合技术效率，其中包含了规模效率。BCC 模型基于规模可变（VRS），通过排除规模效率的影响得出纯技术效率。在 DEA 模型中把测度对象称为决策单元（DMU），DMU 投入越少，产出越大，效率就越高。假设有 n 个决策单元（DMU），记为 DMU_j（$j=1, 2, \cdots, n$）；每个 DMU 有 m 种投入，记为 x_i（$i=1, 2, \cdots, m$）；q 种产出，记为 y_r（$r=1, 2, \cdots, q$）。λ表示 DMU 的线性组合系数，模型的最优解θ代表效率值，范围为（0, 1]。当前要测量的 DMU 记为 DMU_k，公式②为：

$$
\begin{aligned}
&\min\theta \\
\text{s.t.}\quad &\sum_{j=1}^{n}\lambda_j x_{ij} \leqslant \theta x_{ik} \\
&\sum_{j=1}^{n}\lambda_j y_{rj} \geqslant y_{rk} \\
&\lambda \geqslant 0, \\
&i=1,2,\cdots,m;r=1,2,\cdots,q;j=1,2,\cdots,n
\end{aligned}
\tag{3-1}
$$

① 参见刘静玉、谢志祥、李强等《基于超效率 DEA 模型的我国高等教育效率省际时空差异研究》，《河南大学学报（自然科学版）》，2017 年第 1 期，第 40—47 页。

② 成刚：《数据包络分析方法与 MaxDEA 软件》，知识产权出版社 2014 年版，第 14 页。

2. 超效率 DEA 模型

为了解决传统 DEA 模型中常出现的多个效率值为 1 导致无法进一步比较的问题，安德森（Andersen）和彼特森（Petersen）1993 年在传统 DEA 模型的基础上提出了技术效率可以超过 1 的超效率 DEA 模型。超效率 DEA 模型中的超效率是指对被评价决策单元 DMU 不做约束，使其效率值高于 1，并且和规模收益无关。超效率 DEA 模型中有效决策单元的效率值可以大于 1，非有效决策单元的效率值则与 CCR 模型计算出来的效率值相同。以投入导向 CRS 径向模型为例，超效率模型增加了 j ≠k 这一限制条件，即从参考集中剔除被评价 DMU_k。公式①为：

$$
\begin{aligned}
& \min\theta \\
\text{s. t.}\quad & \sum_{\substack{j=1 \\ j\neq k}}^{n} \lambda_j x_{ij} \leqslant \theta x_{ik} \\
& \sum_{\substack{j=1 \\ j\neq k}}^{n} \lambda_j y_{rj} \geqslant y_{rk} \\
& \boldsymbol{\lambda} \geqslant 0, \\
& i=1,2,\cdots,m; r=1,2,\cdots,q; j=1,2,\cdots,n(j\neq k)
\end{aligned}
\tag{3-2}
$$

3. Malmquist 指数模型

传统 DEA 模型只能测算各个决策单元的静态效率，为了观察各个决策单元跨年份的动态发展情况，本书将采用 Malmquist 指数模型来衡量普通高中教育资源配置的动态效率。Malmquist 指数模型是在传统 DEA 模型的基础上通过添加时间变量来分析一定周期内的效率动态变化值的。全要素生产率指数（TFP）可分解为技术效率变化指数（Effch）和技术进步变化指数（Tech），Effch 反映的是组织和管理水平的变化，Tech 反映的是技术的进步与创新的程度。Effch 又可进一步分解为纯技术效率变化指数（Pech）和规模效率变化指数（Sech）。② 通过 Malmquist 指数模型计算得出的全要素生产率

① 成刚：《数据包络分析方法与 MaxDEA 软件》，知识产权出版社 2014 年版，第 149—150 页。

② 参见杨铭慧、谢煜《基于超效率 DEA-Malmquist 的林业投入产出效率测度研究》，《中国林业经济》，2021 年第 6 期，第 7—10 页。

指数能够客观反映全要素生产率与技术效率变动、技术进步变动之间的关系。各指数之间的关系为：$TFP=Tech\times Effch=Tech\times (Pech\times Sech)$。TFP 的基本表达式①如下：

$$TFP=\sqrt{\frac{E^{t}(x^{t+1})E^{t+1}(x^{t+1},y^{t+1})}{E^{t}(x^{t},y^{t})E^{t+1}(x^{t},y^{t})}}$$

$$=\frac{E^{t+1}(x^{t+1},y^{t+1})}{E^{t}(x^{t},y^{t})}\sqrt{\frac{E^{t}(x^{t},y^{t})E^{t}(x^{t+1},y^{t+1})}{E^{t+1}(x^{t},y^{t})E^{t+1}(x^{t+1},y^{t+1})}} \tag{3-3}$$

式中，E（被评价的 DMU）表示通过 DEA 模型得出的效率值；x^{t}，y^{t} 和 x^{t+1}，y^{t+1} 分别表示被评价的 DMU 在 t 时期和 $t+1$ 时期的投入产出值；当 $TFP>1$ 时，表示效率随时间推进生产率提高；当 $TFP<1$ 时，表示效率随时间推进生产率下降；当 $TFP=1$ 时，表示效率随时间推进生产率没有变化。

（二）指标体系构建及数据来源

教育资源包括教师、学生、基础设施、资金等多个方面，从中选取普通高中教育资源配置效率评价指标体系所需的投入和产出指标。② 笔者根据研究需要和数据可得性，选取普通高中学校数、示范高中数、专任教师数、全市教育费用支出、高中招生率、高考学生与常住人口比为投入指标，选取本一录取率为产出指标。研究对象为河北省 11 个设区市，研究时间为 2011—2019 年，指标数据来自《河北省教育事业统计摘要》《河北经济年鉴》以及《中国城市统计年鉴》，相应指标的原始数据详见附录。

本书通过 SPSS 21.0 的 Spearman 相关系数来检验河北省普通高中教育资源配置效率投入指标和产出指标之间的相关性，计算发现本一录取率与示范性高中数之间的显著性水平为 0.129>0.05，说明两者之间相关性不显著（见表 3-1）。这一结果与我们认为的示范性高中数量会对升学率产生影响存在出入，河北省示范性普通高中的评估内容包括学校管理和办学条件两个方面，

① 成刚：《数据包络分析方法与 MaxDEA 软件》，知识产权出版社 2014 年版，第 201—203 页。

② 参见方秋莲、陈思琪、李彦瑾《基于 DEA 模型的中小学教育资源配置效率分析》，《教育教学论坛》，2020 年第 46 期，第 3—6 页。

由此可见，在一定程度上较好的管理水平和硬件条件并没有能够有效提升升学率。最终确定的各项指标（见表 3-2）。

表 3-1　投入产出指标相关系数

		学校数（所）	示范高中数(所)	专任教师数(人)	全市教育费用支出（万元）	高中招生率(%)	高考学生与常住人口比(%)	本一录取率(%)
本一录取率	相关系数	0.342**	0.154	0.508**	0.423**	0.366**	0.331**	1.000
	显著性（双侧）	0.001	0.129	0.000	0.000	0.000	0.001	.
	个案数	99	99	99	99	99	99	99
**. 在置信度(双测)为 0.01 时,相关性是显著的								

表 3-2　投入指标与产出指标效率评价指标体系

类别/要素	指标	定义
投入指标	X1:学校数/所	普通高中学校数量
	X2:专任教师数/人	具有教师资格，专职从事教学工作的人员数量
	X3:全市教育费用支出/万元	地方一般公共预算支出中的教育支出
	X4:高中招生率/%	高中招生人数/初中毕业生数
	X5:高考学生与常住人口比/%	高考报名人数/常住人口数
产出指标	Y1:本一录取率/%	本科一批录取考生数/报名人数

（三）基于 DEA 模型的河北省普通高中教育资源配置效率实证分析

1. 基于传统 DEA 模型的河北省普通高中教育资源配置效率分析

研究选用前面设计的普通高中教育资源配置投入产出的原始指标数据，根据可变规模报酬下的 VRS（规模收益可变）模型运用 DEAP 2.1 软件，对河北省各地区普通高中教育资源配置效率进行测度，计算得到如下结果（见表 3-3）。

总体来看，2019 年河北省普通高中教育资源配置效率的平均水平为

0.688<1，综合效率非 DEA 有效，其中纯技术效率和规模效率也为非 DEA 有效。从各地区来看，只有衡水的 DEA 有效，其综合效率值为 1，说明该地的教育资源投入产出效率达到最大值。其他地区均非 DEA 有效，它们的综合效率值皆小于 1，规模效率也小于 1，且均处于规模效益递增状态，说明当前这些地区规模过小，尚未达到最大规模点，可通过扩大规模增加效益。在这种状态下，这些地区可继续追加投入以获得更高的产出效果。其中部分地区虽然规模无效但纯技术效率有效，如秦皇岛、邯郸、承德、沧州和廊坊的纯技术效率为 1，说明这些地区已充分利用现有的教育资源，在现有的技术条件下产出已经实现最大化，可以通过对这些地区增加投入来提升产出。另外，还有部分地区不仅规模无效，且纯技术效率也无效，如石家庄、唐山、邢台、保定和张家口，说明这些地区不仅需要合理调整教育规模，还需要优化普通高中教育资源的配置结构，提升要素的使用效率，进而推动普通高中教育资源综合效率的提升。

表 3-3　2019 年河北省各地区普通高中教育资源配置效率情况

地区	综合效率	纯技术效率	规模效率	规模报酬状态
石家庄	0.623	0.917	0.680	规模效益递增
唐山	0.595	0.914	0.651	规模效益递增
秦皇岛	0.876	1.000	0.876	规模效益递增
邯郸	0.612	1.000	0.612	规模效益递增
邢台	0.567	0.974	0.583	规模效益递增
保定	0.433	0.763	0.568	规模效益递增
张家口	0.593	0.953	0.623	规模效益递增
承德	0.886	1.000	0.886	规模效益递增
沧州	0.798	1.000	0.798	规模效益递增
廊坊	0.585	1.000	0.585	规模效益递增
衡水	1.000	1.000	1.000	规模报酬不变
均值	0.688	0.956	0.715	—

因纯技术效率可以有效衡量资源配置结构的合理性，故表 3-3 中纯技术效

率为 1 的地区不存在投入冗余与产出不足的情况，这些地区的投入要素较为合理，而纯技术效率不为 1 的 5 个地区均存在投入冗余与产出不足的情况，其结果（见表 3-4）。由表 3-4 可知，就投入冗余来看，这些地区的各项投入指标均存在不同程度的冗余量，说明投入资源未被合理利用，资源的过多投入可能存在资源浪费与闲置现象。其中学校数和专任教师数的无效投入比例普遍较高，尤其是保定的无效投入比例最高，分别为 53.47%和 43.38%。教育费用支出方面，石家庄和保定的无效投入比例最高，分别为 39.47%和 23.69%。值得注意的是，与其他地区相比，保定各项投入指标的冗余量相对较高，可能存在较为严重的资源浪费与闲置现象，其资源配置的合理性亟需调整优化。就产出不足来看，只有唐山存在产出不足现象，其产出指标本一录取率原始值为 11.07%，存在 1.41%的产出不足，说明唐山的产出效率还有提升空间，本一录取率需达到 12.48%才能在投入不变的前提下实现效率有效。

表 3-4　2019 年非 DEA 有效（纯技术效率不为 1）地区投入冗余分析

地区	指标	原始值	投入冗余量	目标值	无效投入比例
石家庄	学校数/所	126	55.967	70.033	44.42%
	专任教师数/人	21,114	3,905.539	17,208.461	18.50%
	全市教育费用支出/万元	2,144,377	846,326.482	1,298,050.518	39.47%
	高中招生率/%	0.581	0.048	0.533	8.26%
	高考学生与常住人口比/%	0.009	0.001	0.008	11.11%
唐山	学校数/所	78	26.844	51.156	34.42%
	专任教师数/人	14,414	3,694.183	10,719.818	25.63%
	全市教育费用支出/万元	1,560,263	134,873.956	1,425,389.044	8.64%
	高中招生率/%	0.605	0.052	0.553	8.60%
	高考学生与常住人口比/%	0.007	0.001	0.006	14.29%

续表

地区	指标	原始值	投入冗余量	目标值	无效投入比例
邢台	学校数/所	62	19.995	42.004	32.25%
	专任教师数/人	15,328	5,981.083	9,346.917	39.02%
	全市教育费用支出/万元	1,101,023	28,705.374	1,072,317.626	2.61%
	高中招生率/%	0.579	0.015	0.564	2.59%
	高考学生与常住人口比/%	0.008	0	0.007	0.00%
保定	学校数/所	87	46.515	40.485	53.47%
	专任教师数/人	15,136	6,565.876	8,570.124	43.38%
	全市教育费用支出/万元	1,529,555	362,275.8	1,167,279.2	23.69%
	高中招生率/%	0.710	0.168	0.542	23.66%
	高考学生与常住人口比/%	0.009	0.002	0.007	22.22%
张家口	学校数/所	36	5.934	30.066	16.48%
	专任教师数/人	7,797	2,109.803	5,687.197	27.06%
	全市教育费用支出/万元	877,000	41,046.437	835,953.563	4.68%
	高中招生率/%	0.599	0.028	0.571	4.67%
	高考学生与常住人口比/%	0.007	0	0.007	0.00%

2. 基于超效率DEA模型的河北省普通高中教育资源配置效率分析

仅根据传统DEA模型的测度结果，我们只能判断其是否有效，无法对同一地区的普通高中教育资源配置效率进行更细致的测度，也无法对其变化的相对趋势进行更好的分析，所以笔者进一步采用超效率DEA模型对河北省普通高中教育资源的配置效率进行测度。研究选用前面所设计的普通高中教育资源配置投入产出的原始指标数据，运用MATLAB软件对投入产出数据进行测算，得到2011—2019年河北省各地区普通高中教育资源配置的超效率DEA值（见表3-5）。

表 3-5 2011—2019 年河北省各地区普通高中教育资源配置超效率模型测度结果

地区	年份									
	2011 年	2012 年	2013 年	2014 年	2015 年	2016 年	2017 年	2018 年	2019 年	均值
石家庄	0.340	0.347	0.407	0.507	0.550	0.576	0.631	0.635	0.623	0.513
唐山	0.544	0.595	0.578	0.508	0.496	0.626	0.632	0.600	0.595	0.575
秦皇岛	0.442	0.387	0.445	0.456	0.511	0.624	0.766	1.004	0.876	0.612
邯郸	0.345	0.330	0.387	0.435	0.489	0.633	0.621	0.783	0.612	0.515
邢台	0.338	0.328	0.397	0.478	0.617	0.700	0.664	0.655	0.567	0.527
保定	0.530	0.561	0.537	0.462	0.509	0.580	0.573	0.544	0.433	0.525
张家口	0.369	0.309	0.338	0.364	0.436	0.473	0.503	0.557	0.593	0.438
承德	0.235	0.237	0.236	0.252	0.369	0.544	0.631	0.822	0.886	0.468
沧州	0.610	0.629	0.686	0.705	0.790	0.867	0.896	0.786	0.798	0.752
廊坊	0.381	0.425	0.462	0.373	0.428	0.456	0.431	0.525	0.585	0.452
衡水	4.070	4.585	4.289	4.533	4.486	3.894	3.331	3.192	3.859	4.026

从地区差异来看，河北省各地区的普通高中教育资源配置效率差距较大，2011—2019 年间只有衡水的效率一直是有效的，效率均值高达 4.026，其他地区除了秦皇岛曾经在 2018 年的效率达到过有效 1.004 以外，其他地区长期处于非 DEA 有效状态。其中张家口、承德和廊坊的效率均值低于 0.50，其他地区的效率均值处于 0.50～1 之间，都未达到 DEA 有效状态。河北省普通高中教育配置效率呈现明显的两极分化状态，衡水与其他地区形成两大梯队，这与衡水“超级中学”模式的存在密不可分。衡水在很大程度上集中了整个河北省的优秀生源和优质教育资源，是对全省普通高中教育的一种垄断，造成了强者恒强，弱者更弱的两极分化状态，它导致了普通高中教育资源分配的不均衡，不利于全省普通高中教育资源配置效率的提升和普通高中教育的均衡发展。从具体地区来看，衡水 2011—2015 年效率值都在 4 以上，2016—2018 年效率值不断下降，2019 年有所回升，这可能与河北省逐步出台的一系列限制生源不良竞争的政策有关，近几年省内严格控制跨区域招生计划，限制了跨区“掐尖”的招生行为。但下降原因也可能与衡水从 2016 年开始大量增加普通高中学校数有关，一直以来衡水处于规模报酬不变的状态，2019 年

学校数相比 2011 年增幅高达 80%以上，而其他地区的变化很小，可见盲目的扩充可能会引发效率的下降。

由于衡水与其他地区差距较大，为了更直观看出其他地区在 2011—2019 年的效率变化，笔者绘制了除衡水以外其他地区的超效率变化图（见图 3-1）。秦皇岛和承德的普通高中教育资源配置效率在近几年得到快速提升，沧州在 2017 年之前效率都保持在其他地区之上，最有望接近于 1，但在 2018 年和 2019 年出现回落，反而被秦皇岛和承德超过。2019 年除了衡水一直处于第一梯队外，秦皇岛、承德和沧州处于第二梯队，石家庄、邯郸、张家口、唐山、廊坊和邢台处于第三梯队，保定处于第四梯队。

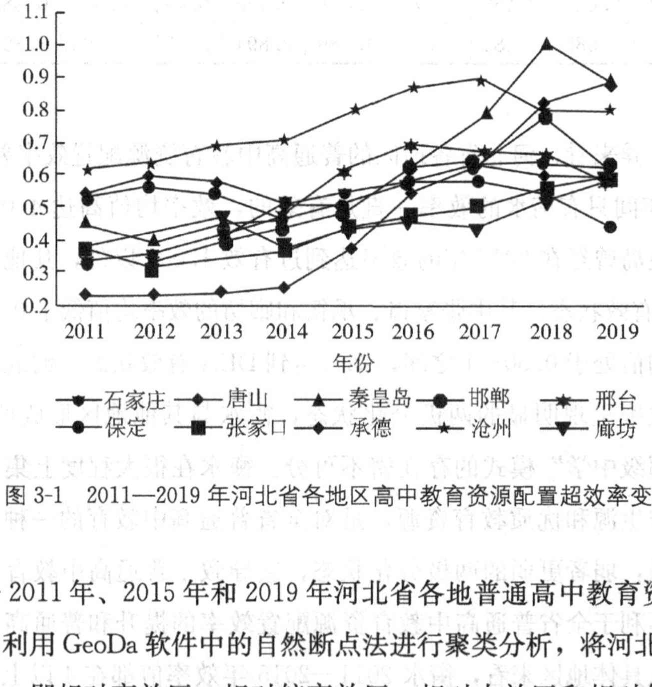

图 3-1 2011—2019 年河北省各地区高中教育资源配置超效率变化图

根据 2011 年、2015 年和 2019 年河北省各地普通高中教育资源配置超效率得分，利用 GeoDa 软件中的自然断点法进行聚类分析，将河北省 11 个地区分为四类，即相对高效区、相对较高效区、相对中效区和相对低效区（见图 3-2、图 3-3、图 3-4）。河北省各地普通高中教育资源配置效率差异明显，反映了当时各地区效率水平所处的地位，相对低效区呈现由北向南移动的趋势，相对较高效区呈现由南向北移动的趋势。其中衡水一直处于相对高效区，沧州一直处于相对较高效区，石家庄、邯郸、邢台一直稳定在相对中效区，值得注意的是保定反而从最开始的相对较高效区下滑到相对低效区。这与表 3-3、表 3-4 中分析的 2019 年保定的情况一致，其综合效率值、纯技术效率值和规模效率值得分都是最低的，无效投入比例相对较高，说明保定目前在普通高中教育投入资源的利用率方面存在较大问题，在普通高中教育资源的配置结构和规模两个方面都需要进行优化，这样才能有效提升资源配置效率。

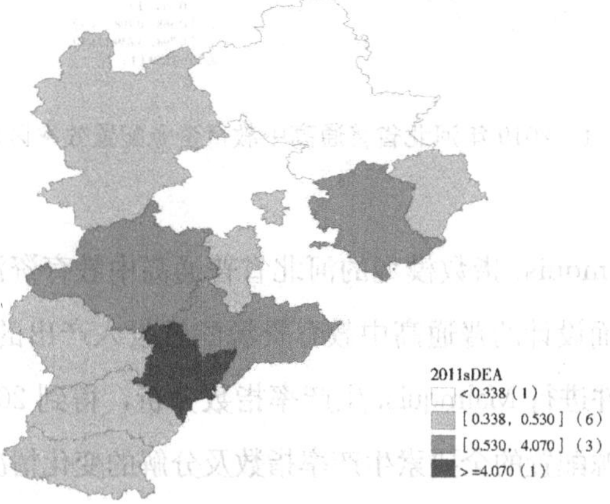

图 3-2　2011 年河北省普通高中教育资源配置效率区域差异

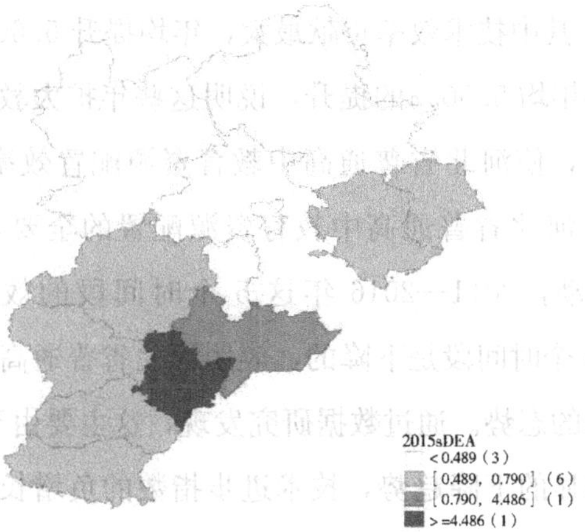

图 3-3　2015 年河北省普通高中教育资源配置效率区域差异

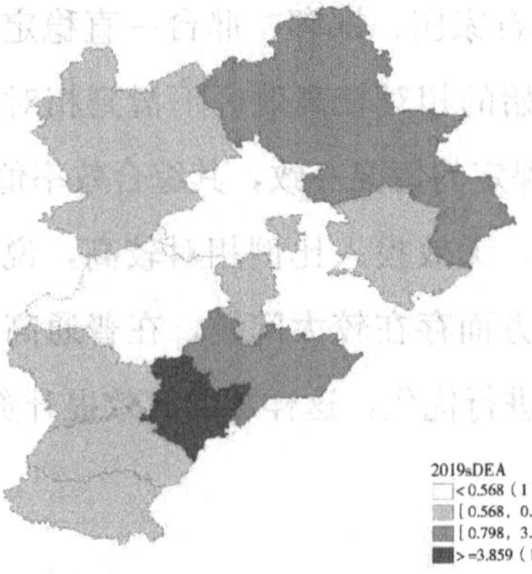

图 3-4　2019 年河北省普通高中教育资源配置效率区域差异

3. 基于 Malmquist 指数模型的河北省普通高中教育资源配置效率分析

研究选用前面设计的普通高中教育资源配置投入产出的原始指标数据，运用 DEAP 2.1 软件进行 Malmquist 生产率指数分析，得到 2011—2019 年河北省普通高中教育资源配置的全要素生产率指数及分解的变化情况（见表 3-6）。

总体来看，河北省 2011—2019 年普通高中教育资源配置的全要素生产率为 1.067>1，说明这期间河北省普通高中教育资源配置效率整体呈上升趋势，年均提升 6.70%。其中技术效率贡献最大，年均提升 5.60%，而这种提升的原因来自规模效率年均 5.50%的提升，说明这些年扩大教育规模对效率的提升起到了重要作用，使河北省普通高中教育资源配置效率得到了有效改善。从时间序列上看，河北省普通高中教育资源配置的全要素生产率在 2011—2019 年间出现波动，2011—2016 年这 5 个时间段的效率是持续上升的，2016—2019 年这 3 个时间段是下降的，表明河北省普通高中教育资源配置效率呈现出先升后降的态势。通过数据研究发现，这主要由于从 2016 年起技术进步指数表现出明显的下降趋势，技术进步指数的负增长成为全要素生产率下降的主要原因，说明教育资源配置在引进先进技术提升教学效率方面需要加以改善。2018—2019 年间技术效率和规模效率指数也出现下滑趋势，说明增加规模投入的边际收益开始递减，此时应当谨慎追加投入量，避免盲目、重复投入，需更加注重资源配置的优化和管理体制的改进，实现资源利用的最大化、最优化。

表 3-6　2011—2019 年河北省普通高中教育资源配置的 Malmquist 指数及其分解

年份	指数				
	技术效率指数（Effch）	技术进步指数（Tech）	纯技术效率指数（Pech）	规模效率指数（Sech）	全要素生产率指数（TFP）
2011—2012 年	0.994	1.114	1.013	0.981	1.107
2012—2013 年	1.078	1.039	0.988	1.092	1.120
2013—2014 年	1.021	1.138	1.024	0.997	1.161
2014—2015 年	1.141	1.088	0.999	1.142	1.241
2015—2016 年	1.158	1.166	0.987	1.173	1.351
2016—2017 年	1.038	0.929	0.997	1.041	0.965
2017—2018 年	1.077	0.861	0.988	1.091	0.927
2018—2019 年	0.954	0.814	1.009	0.945	0.777
均值	1.056	1.011	1.001	1.055	1.067

注：$TFP = Tech \times Effch = Tech \times (Pech \times Sech)$

河北省 11 个地区的普通高中教育资源配置动态效率分析（见表 3-7）。根据全要素生产率指数的大小，可以将这些地市分为四种类型：低效型（$TFP < 0.9$）、徘徊型（$0.9 < TFP < 1$）、低增长型（$1 < TFP < 1.1$）、高增长型（$TFP > 1.1$）。[①] 其中河北省不存在低效型地区，徘徊型仅有衡水 1 个地区，表明衡水普通高中教育资源配置的全要素生产率有所下降，年均下降 2.40%，下降幅度不高，但当前处于徘徊不前的状态。技术进步效率的下降是导致其效率降低的主要原因，说明衡水存在技术衰退和管理创新不足的问题，应加大技术创新、加强先进技术对高中教育的引用力度和使用强度，有效提高课堂的教学效率。低增长型包括唐山、秦皇岛、保定、张家口、沧州和廊坊 6 个地区，表明这部分地区普通高中教育资源配置的全要素生产率有所提升，年均增幅分别为 4.50%、3.90%、1.00%、4.70%、6.90%和 8.30%，提升

① 参见陶蕾、杨欣《我国中等职业教育资源配置效率评价及分析——基于 DEA-Malmquist 指数模型》，《教育科学》，2015 年第 4 期，第 29 页。

幅度相对较小。其中唐山、沧州和廊坊的普通高中教育资源配置的全要素生产率的提升是由于技术进步指数和技术效率的共同提高作用的。秦皇岛和张家口的普通高中教育资源配置的全要素生产率的提升主要是由于技术效率的提高作用的。保定的普通高中教育资源配置的全要素生产率的提升则是由技术进步指数的提高带来的，但也只有保定的技术效率指数小于 1，说明保定的技术效率有所下降，该地有限的教育资源未得到最优利用。高增长型地区包括石家庄、邯郸、邢台和承德 4 个地区，它们的普通高中教育资源配置的全要素生产率提升幅度都高于 10%，分别为 12.10%、13.80%、10.40%和 11.50%，这些地区的普通高中教育资源配置的全要素生产率的提升主要来自技术效率的提高。为了更直观看出河北省各地普通高中教育资源配置状况的差异，笔者绘制了 11 个地区的动态效率折线图（见图 3-5）。由图 3-5 可知，各地普通高中教育资源配置效率存在较大差距，尤其以全要素生产率和技术效率的差距最为明显，其中技术效率和规模效率的变动基本保持同步，而各地之间纯技术效率的差距并不明显，这在一定程度上表明规模效率仍是效率提升的关键，尤其是处于规模效益递增的地区，仍可加大规模投入以提高资源利用率。

表 3-7　2011—2019 年河北省各地普通高中教育资源配置的 Malmquist 指数及其分解

地区	指数				
	技术效率指数	技术进步指数	纯技术效率指数	规模效率指数	全要素生产率指数
石家庄	1.079	1.039	1.016	1.062	1.121
唐山	1.011	1.034	0.998	1.013	1.045
秦皇岛	1.089	0.954	1.000	1.089	1.039
邯郸	1.074	1.059	1.007	1.067	1.138
邢台	1.067	1.035	1.011	1.055	1.104
保定	0.975	1.036	0.976	0.999	1.010
张家口	1.061	0.986	0.994	1.068	1.047
承德	1.181	0.944	1.000	1.181	1.115
沧州	1.034	1.034	1.000	1.034	1.069
廊坊	1.055	1.026	1.004	1.05	1.083
衡水	1.000	0.976	1.000	1.000	0.976
均值	1.056	1.011	1.001	1.055	1.067

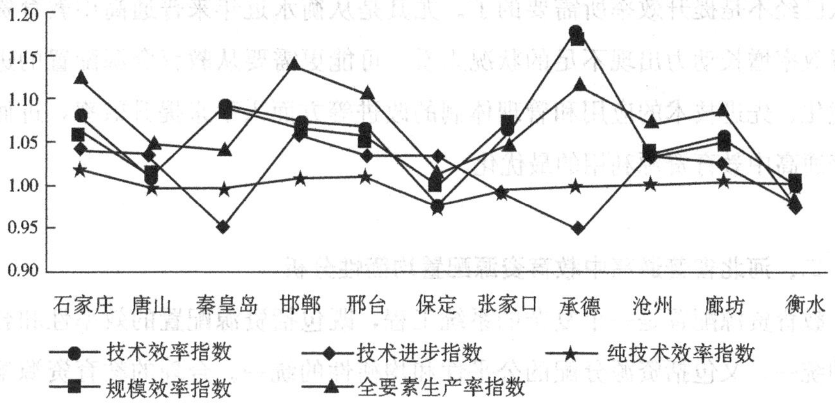

图 3-5　河北省各地普通高中教育资源配置动态效率图

通过以上 3 个模型对河北省普通高中教育资源配置效率进行分析，总体来看，当前河北省普通高中教育资源配置的综合效率整体偏低，均值处于非 DEA 有效状态，全省范围内的普通高中教育资源尚未得到充分利用。普通高中教育资源配置的综合效率大小受到纯技术效率和规模效率的共同影响，为了实现综合效率的有效提升还需多方兼顾，虽然加大资源投入有利于规模扩张，提升规模效率，但是如果盲目投入也会阻碍制度的完善和管理水平的改进，进而影响纯技术效率的提高，最终无法实现综合效率的实际增长。如石家庄、唐山、邢台、保定和张家口等地纯技术效率和规模效率都需要提升，但不能通过简单的加大资源投入来提高普通高中教育资源配置效率，还需要从投入资源的配置结构、教学效率、管理水平等方面加以改进。从区域来看，河北省各地区之间普通高中教育资源配置效率的差距较大，2011—2019 年间只有衡水的 DEA 有效，衡水与其他地区的普通高中教育资源配置效率呈现出明显的两极分化状态。秦皇岛、承德和沧州的普通高中教育资源配置效率近几年发展态势较好，其他地区也相对稳定，但值得注意的是保定的普通高中教育资源配置效率呈现不升反降的趋势。从发展动态来看，2011—2019 年间，河北省普通高中教育资源配置效率整体呈上升态势，其中主要得益于普通高中教育规模的持续扩大，但 2016 年开始出现下降趋势，说明进一步增加资源投入已经不是提升效率所需要的了。尤其是从衡水近年来普通高中教育资源配置效率增长动力出现不足的状况来看，可能更需要从教育资源配置的进一步优化、先进技术的应用和管理体制的改进等方面入手来提升效率，进而实现普通高中教育资源利用的最优化。

二、河北省普通高中教育资源配置均衡性分析

教育资源配置是一个复杂的系统工程，既包括资源配置的效率性和合理性的统一，又包括资源分配的公平性和均衡性的统一。合理的教育资源配置有助于教育资源的充分利用与区域间的均衡性发展。教育均衡是强调在教育活动中各个区域、要素之间的相互协调与匹配，其差距能够保持在适度的范围内。其中教育资源配置均衡是教育均衡的首要前提，通过将教育资源中有限的人力、物力、财力合理分配到各区域间、各校际间并进行充分利用，才能实现教育资源需求与供给的协调统一，实现区域内各要素间和谐、均衡、协调的发展。本书通过对河北省普通高中教育资源配置进行均衡性分析，进一步了解整个区域内普通高中教育资源均衡的发展状况。

（一）研究方法

1. 差异系数

差异系数（Coefficient of Varition），也称“变异系数”“离散系数”，它是测算数据离散程度的相对指标，是该组数据的标准差与其均值的百分比，是一种相对差异量数。CV 值越小，表示组间均衡性越好；CV 值越大，表示组间均衡性越差。具体的计算公式①为：

$$CV=\frac{\sqrt{\sum_{i=1}^{n}(x_i-\overline{x})^2}}{\frac{n}{\overline{x}}} \tag{3-4}$$

式中，x_i 表示 i 地区需要测算的某项指标，$\overline{x}$ 表示各地区某项指标的平均值，n 为研究的地区数量。$CV \leqslant 0.1$ 表示研究变量为弱变异，$0.1 < CV < 1$

① 参见谷峥霖《云南学前教育资源配置的空间协调性研究》，云南师范大学 2021 年博士学位论文。

表示研究变量为中等变异，$CV \geqslant 1$ 表示研究变量为强变异。①

2. 首位度

城市首位度理论最早是由美国学者马克·杰斐逊（Mark Jefferson）在1939年提出的，他认为人口数量最多的城市就是一个国家或地区的首位城市，该城市不但集中了相当多的人口，而且在国家政治、经济、文化等方面也具有明显的优势。首位度是指一个国家或地区的首位城市和第二位城市在人口数量上的比值，首位度大的城市规模分布，就叫首位分布。② 首位度已成为衡量城市规模分布状况的一种常用指标，表示某个国家或地区首位城市的集聚程度。马歇尔对杰斐逊提出的城市首位度概念进行了具体的量化，当首位度指数为2时，其认为是较为合理的。③ 在某一方面如果一个区域内各城市之间的差距越小，则该区域内各地之间就越均衡，城市首位度就越低，反之该区域内各地就越不均衡，城市首位度就越高。因此可以利用城市首位度来衡量区域间的均衡性，过高的城市首位度会阻碍区域内经济的平衡发展，导致各个城镇之间最终走向分散化和多极化。首位度具体的计算公式④为：

$$S = \frac{P1}{P2} \tag{3-5}$$

式中，S 代表被研究指标的首位度指数，$P1$、$P2$ 分别代表排序第1位和第2位城市对应的指标数值。$S \leqslant 2$ 时表示结构正常、集中适当，首位城市不具有首位优势；$S > 2$ 时表示结构失衡、过度集中，首位城市的首位优势显著。⑤

① 参见刘继龙、刘璐、马孝义等《不同尺度不同土层土壤盐分的空间变异性研究》，《应用基础与工程科学学报》，2018年第2期，第305—312页。

② 参见陈延斌、程钰《山东半岛城市群城市规模分布演变特征》，《青岛科技大学学报（社会科学版）》，2012年第1期，第20—24页。

③ 参见雷仲敏、康俊杰《城市首位度评价：理论框架与实证分析》，《城市发展研究》，2010年第4期，第33—38页。

④ 参见李帅《青海省东部城市群首位度对区域经济发展的影响研究》，青海师范大学2021年硕士学位论文。

⑤ 参见胡文海、孙建平、余菲菲《安徽省区域旅游经济发展的时空格局演变》，《地理研究》，2015年第9期，第1795—1806页。

（二）基于差异系数的河北省普通高中教育资源配置均衡性分析

本书运用 SPSS 21.0 软件，对 2011—2019 年河北省 11 个地区普通高中教育资源投入产出样本数据进行描述性统计，计算得出各个指标历年的差异系数（见表 3-8）。差异系数越大，表示数据的离散程度越大，组间不平衡的程度越高；差异系数越小，表示数据的离散程度越小，组间均衡的程度越高。

总体来看，河北省各地区之间普通高中教育资源投入产出各指标的差异系数基本都处于 0.10～0.80 之间，属于中等变异范畴，其中本一录取率的差异系数最大，其次是学校数和专任教师数，最后是全市教育费用支出和高考学生与常住人口比，差异系数最小的是高中招生率。就本一录取率而言，2011—2019 年间河北省各地之间本一录取率的差异系数最高为 2012 年的 0.75，在 2011—2014 年间本一录取率的差异系数变化不大，从 2015 年开始出现明显下降，但仍然大于 0.50。已知衡水的本一录取率一直领先于其他地区，伴随着各方教育资源的投入，其他地区的本一录取率均有明显提升，如承德、邯郸、邢台和石家庄都实现了一倍以上的增幅。衡水由于基数较大，增幅潜力较小，近年来又相继出台了促进普通高中教育均衡发展的政策，因此相对缩小了其他地市与衡水之间的差距，但全省范围内整体的不均衡性仍然较为明显。从学校数和专任教师数来看，2011—2019 年间差异系数的变动不大，分别保持在 0.50 和 0.45 左右，表明全省范围的不均衡性较高。2019 年各地区普通高中学校的数量有明显差异，省内最多地区学校数量为 126 所，最少为 23 所，学校数量最多的地区是学校数量最少地区的 5.48 倍。专任教师人数最大值为 21,114 人，最小值为 4512 人，专任教师投入最多的地区约是投入最小地区的 4.68 倍，这与各地区的普通高中教育规模有关，在正常情况下，普通高中教育规模越大，人力资源投入就越多。从全市教育费用支出来看，2011—2019 年间差异系数的变动不大，保持在 0.40 左右，表明全省范围的不均衡性较高。2019 年省内全市教育费用支出最大值为 2,144,377 万元，最小值为 607,284 万元，教育经费投入最多的地区是最少地区的 3.53 倍，可见地区之间教育经费投入是不均衡的，出现这种情况一方面是受到了地方经济发展的影响，另一方面也与地方普通高中教育实力有关。由此，当前河北省普通高中教育资源的投入产出各指标在地区间的差异系数较高，普遍存在较强的不均衡性，不过并未进一步出现整体扩大的趋势。

表 3-8　2011—2019 年河北省普通高中教育资源配置效率各指标的差异系数

年份	指标					
	学校数	专任教师数	全市教育费用支出	高中招生率	高考学生与常住人口比	本一录取率
2011 年	0.55	0.43	0.38	0.08	0.20	0.71
2012 年	0.55	0.42	0.37	0.10	0.21	0.75
2013 年	0.51	0.45	0.40	0.12	0.23	0.71
2014 年	0.50	0.43	0.42	0.15	0.24	0.73
2015 年	0.56	0.47	0.39	0.16	0.25	0.67
2016 年	0.53	0.48	0.38	0.17	0.24	0.56
2017 年	0.52	0.48	0.36	0.21	0.25	0.57
2018 年	0.50	0.47	0.39	0.22	0.25	0.56
2019 年	0.48	0.45	0.38	0.19	0.23	0.59

（三）基于首位度的河北省普通高中教育资源配置均衡性分析

笔者运用 Excel 软件，对 2011—2019 年河北省 11 个地区普通高中教育资源投入产出样本数据进行了首位度指数计算，其中增加了本一录取人数（本一录取人数＝报名人数×本一录取率）这一指标，以此反映区域间普通高中教育资源配置的均衡性（见表 3-9）。其中当首位度指数小于 2 时，表示首位城市不具有首位优势，城市间不均衡程度较低；当首位度指数大于 2 时，表示首位优势显著，城市间不均衡程度较高。

如表 3-9 所示，2011—2019 年间学校数、专任教师数、全市教育费用支出、高中招生率、高考学生与常住人口比这些指标的首位度指数皆小于 2，说明在这些方面河北省最高城市的首位优势不明显，存在较低的不均衡性。具体来看（见附录），学校数量、专任教师数量排名第一的一直为石家庄，第二为保定，两者之间的差距变化不大；全市教育费用支出排名第一的一直为石家庄，排在第二的城市除了 2016—2017 年为保定外，其他各年均为唐山；高中招生率排名第一的城市除了 2011 年为唐山外，其余各年均为衡水，排名第二的城市则不断变化，2012 年、2015 年和 2018 年为唐山，2013 年、2016 年和 2017 年为石家庄，2014 年为邢台，2019 年为保定；高考学生与常住人口比排名第一的一直为衡水，排名第二的城市除了 2014—2017 年为沧州外，其余各年均为石家庄。2011—2019 年之间本一录取率的首位度指数皆大于 2，表明本一录取率最高的城市首位优势明显，河北省各地区在本一录取率方面的不均衡性较高，但有逐步向理想值 2 回落的趋势。在这期间，衡水的本一录取率一直排在第一位，排在第二位的城市则在不断变化，2011—2012 年为保定，2013 年为沧州，2014—2019 年为石家庄。同时本一录取人数的首位度指数小于 2，可见河北省各地区在本一录取人数方面的不均衡性较低。根据原始数据发现，由于本一录取人数排在第二位的城市虽然本一录取率不高，但是高考报名人数最多，最终使其与排在第一位的城市本一录取人数差距不大。因此，根据计算结果可知，河北省各地区在学校数、专任教师数、全市教育费用支出、高中招生率、高考学生与常住人口比、本一录取人数这些指标方面不存在明显的首位优势，没有体现出较高的不均衡性，唯有在本一录取率方面存在明显的首位优势，体现出较高的不均衡性。

表 3-9　2011—2019 年河北省普通高中教育资源配置效率各指标的首位度指数

年份	指标						
	学校数	专任教师数	全市教育费用支出	高中招生率	高考学生与常住人口比	本一录取率	本一录取人数
2011 年	1.62	1.14	1.12	1.04	1.19	2.78	1.59
2012 年	1.64	1.13	1.12	1.09	1.28	2.92	1.85
2013 年	1.74	1.28	1.19	1.19	1.22	2.87	1.53
2014 年	1.70	1.24	1.10	1.27	1.30	2.78	1.61
2015 年	1.54	1.28	1.10	1.45	1.33	2.66	1.57
2016 年	1.45	1.27	1.22	1.43	1.33	2.49	1.45
2017 年	1.44	1.21	1.11	1.53	1.48	2.42	1.56
2018 年	1.42	1.20	1.36	1.51	1.49	2.48	1.60
2019 年	1.45	1.21	1.37	1.30	1.45	2.55	1.59

总体来看，通过计算首位度指数发现在数量上河北省各地市之间的各项投入指标和本一录取人数的不均衡性不明显，但是地区间本一录取率的不均衡性却是明显的。可见从本一录取人数这种绝对指标上不能明显看出区域间的不均衡性，但是从本一录取率这种体现质量的相对指标上可以明显看出差异，反映出地区间本一录取率的高低并不是单纯的靠各项教育资源在数量上的投入决定的，也不是靠高考报名人数的多少决定的，而是由内在质量差异决定的，例如优秀的学生和拥有丰富经验的教师这些资源不能完全从数量上体现出来。根据原始数据已知 2011—2019 年间河北省本一录取率最高的城市一直是衡水，其排在首位的原因更可能是得益于“超级中学”模式，吸引了优秀的老师、学生资源在该地区集聚，进而带来了较高的本一录取率，体现了衡水在优秀学生资源方面一城独大的现象，长此以往是非常不利于河北省普通高中教育资源的均衡协调发展的。

（四）河北省普通高中教育资源配置效率均衡性分析

笔者运用 Excel 软件，对 2011—2019 年河北省 11 个地区普通高中教育资源配置超效率数据进行了差异系数和首位度指数计算（见表 3-10），从两个方面反映出河北省普通高中教育资源配置效率的均衡性。

如表 3-10 所示，从差异系数来看，2011—2019 年间河北省普通高中教育资源配置效率的差异系数值整体较高，均大于表 3-8 中各项指标的差异系数值。其中除 2017 年和 2018 年外，其他年份的差异系数值均大于 1，属于强变异的范畴，由此可见，河北省普通高中教育资源配置效率的不均衡性较高。从首位度指数来看，2011—2019 年间河北省普通高中教育资源配置效率的首位度指数均大于 2，2012 年甚至高达 7.29，也同样说明河北省普通高中教育资源配置效率的不均衡性较高。从时间序列上来看，2011—2019 年间的差异系数值和首位度指数均有所下降，说明河北省普通高中教育资源配置效率的不均衡性呈现减弱趋势。

表 3-10　2011—2019 年河北省高中教育资源配置效率的差异系数和首位度指数

指数	年份								
	2011 年	2012 年	2013 年	2014 年	2015 年	2016 年	2017 年	2018 年	2019 年
差异系数	1.49	1.59	1.46	1.50	1.36	1.10	0.93	0.84	1.03
首位度	6.67	7.29	6.25	6.43	5.68	4.49	3.72	3.18	4.36

从地区来看，2011—2019 年间河北省普通高中教育资源配置效率最高城市一直都是衡水，其首位优势非常明显。如果把衡水剔除再来计算河北省其他地区普通高中教育资源配置效率的差异系数和首位度指数（见表 3-11）。可以发现 2011—2019 年间其他地区普通高中教育资源配置效率的差异系数值均较小，基本处于 0.20～0.30 之间，其首位度指数也均小于 2，表明河北省其他地区普通高中教育资源配置效率的不均衡性较低。另外，根据前面计算已知，衡水近几年的普通高中教育资源配置效率有所下降，这与 2011—2019 年间河北省普通高中教育资源配置效率不均衡性呈现减弱的趋势相符，可见河北省普通高中教育资源配置效率的不均衡性在很大程度上受衡水普通高中教育资源配置效率的影响。长期以来，衡水“超级中学”模式对优秀生源和教师资源的虹吸效应不仅破坏了区域内普通高中教育的生态平衡，甚至还削弱了河北省整体普通高中教育资源配置的公平性，这种模式非常不利于全省普通高中教育资源均衡的发展。

表 3-11　2011—2019 年河北省除衡水以外其他地区高中教育资源配置效率的差异系数和首位度指数

指数	年份								
	2011 年	2012 年	2013 年	2014 年	2015 年	2016 年	2017 年	2018 年	2019 年
差异系数	0.28	0.32	0.29	0.26	0.22	0.19	0.20	0.22	0.22
首位度	1.12	1.06	1.19	1.39	1.28	1.24	1.17	1.22	1.01

(五) 与其他省份普通高中教育资源配置均衡性比较

根据前面的分析可以清楚地看到河北省普通高中教育资源配置的不均衡性，但这种现象是否在全国范围内普遍存在还需要进一步验证。笔者通过对高考难易程度、高考用卷、人口数量、经济条件等方面进行考量，最终选择湖北省、安徽省两个与河北省具有可比性的省份进行普通高中教育资源配置均衡性的分析。在指标选取上，由于指标数据可得性的问题，难以沿用上文的指标进行分析，尤其是各地市关于本一录取率的相关数据并未公开发布，因此很多上文中的指标数据难以获得。目前仅有清北录取人数可以通过互联网相关数据进行统计得出，笔者拟以此作为切入点进行分析。清华大学和北京大学作为国内顶尖大学，2021 年清北录取率仅有 0.06%，与本一录取水平相比清北录取可以说是优中选优。一个学生能否考上清北等名校最重要的因素是个人实力，而个人实力会受到优质教育资源的长期影响，因此笔者认为各地市之间清北录取人数的差距可以在一定程度上反映区域内普通高中教育资源配置的均衡状况。故本书计划选用清北录取人数的首位度作为分析湖北省和安徽省普通高中教育资源配置均衡性的评价指标，由于与前面选用指标有所不同，所以下面将先行计算河北省清北录取人数的首位度，并通过结论来验证选取该指标的可行性。

2020 年河北省清北录取人数 280 人，其中衡水录取人数最多，176 人，占比 62.86%；石家庄录取人数排名第二，48 人，占比 17.14%。[①] 由公式 (3-5) 计算得出，2020 年河北省清北录取人数的首位度指数为 3.67，该首位度指数大于 2，说明衡水在清北录取人数方面首位优势显著，河北省各地区间清北录取人数的不均衡性较高。这与前面得出衡水拥有较多的优质生源，河北省普通高中教育资源配置存在不均衡性的结论相符。可见清北录取人数首位度这一指标能够在一定程度上体现出普通高中教育资源配置的均衡性问题，因此下面将采用清北录取人数首位度这一指标来考量湖北省和安徽省普通高中教育资源配置的均衡性（见表 3-12）。

① 《河北省 2020 年高考清北人数统计》，https://zhuanlan.zhihu.com/p/357748324(2021-3-17)。

如表3-12所示，2021年湖北省清北录取人数351人，其中武汉录取人数最多，139人，占比39.60%；襄阳录取人数排名第二，52人，占比14.81%，2021年湖北省清北录取人数的首位度指数为2.67。2021年安徽省清北录取人数262人，其中合肥录取人数最多，67人，占比25.57%；六安录取人数排名第二，31人，占比11.83%，2021年安徽省清北录取人数的首位度指数为2.16。可见2021年湖北省和安徽省清北录取人数的首位度指数均大于2，说明武汉和合肥在各自省域内清北录取人数的首位优势显著，湖北省和安徽省各自省内城市间普通高中教育资源配置的不均衡性均较高。

表3-12　2021年湖北省、安徽省前两位城市清北录取人数及首位度指数

指标	地区			
	湖北省第一位城市（武汉）	湖北省第二位城市（襄阳）	安徽省第一位城市（合肥）	安徽省第二位城市（六安）
清北录取人数/人	139	52	67	31
首位度	2.67		2.16	

注：清北录取人数为笔者根据媒体报道数据整理所得。

另外，全国很多省市都存在类似于衡水中学这样的“超级中学”，如华中师范大学第一附属中学、黄冈中学、合肥市第一中学、毛坦厂中学等，它们集中了优质的生源、拥有优秀的师资力量和硬件设施，在历年高考中都有非常优异的成绩，整体一本上线率、清北录取率非常高。如2021年湖北省录取人数主要集中在华中师范大学第一附属中学，清北录取64人，占武汉当地录取人数的46.04%；其次是襄阳市第五中学，清北录取33人，占襄阳当地录取人数的63.46%。① 河北省录取人数主要集中在衡水中学，2020年清北录取73人，占衡水当地录取人数的41.48%。② 可见，各个“超级中学”的存在让

① 《2021年湖北省部分高中清北录取人数汇总》，https://baijiahao.baidu.com/s?id=1722189869667813933&wfr=spider&for=pc(2021-9-14)。

② 《2020年清北全国各地中学录取分数线出炉，新生最多来自这个学校》，https://www.sohu.com/a/416584655_562215(2020-9-5)。

优秀生源和师资不断集中，加速了区域内校际之间、地区之间普通高中教育资源配置的不均衡。

综合清北录取人数相对集中和“超级中学”广泛存在这两个情况，笔者认为普通高中教育资源配置的不均衡现象并非河北省独有，湖北省和安徽省虽然不如河北省的不均衡状况严重，但相似的问题同样存在，其他省份普通高中教育资源配置也存在较高的不均衡性。因此，从一定意义上说，普通高中教育资源配置的不均衡现象是全国范围内普遍存在的一个共性问题。

第四章　河北省普通高中教育资源配置均衡状况的公平性分析

教育公平的问题主要集中在资源配置的公平上，现阶段我国普通高中教育公平的核心在于实现教育资源的公平配置，公平的教育资源配置可以确保教育的稳定发展。在第三章中主要探讨了河北省普通高中教育资源配置存在不均衡现象，普通高中教育资源配置的不均衡可能会导致优秀生源的非正常流通，部分高中出现择校和高收费现象，引发社会强烈的不满，且高中教育资源配置的均衡性也会影响普通高中教育资源配置的公平性，阻碍高中教育的发展。本章首先利用基尼系数对河北省各地区普通高中教育资源配置的公平性进行对比分析，并对普通高中教育资源配置均衡性与公平性进行格兰杰因果关系检验，进而通过响应识别、耦合协调程度对二者的关系进行更加深入的探讨。

一、普通高中教育资源配置公平性指标体系的构建与测度

在资源公平性的研究中常用的方法有极差率法、方差法或标准差法、变异系数、泰尔指数、基尼系数等。其中，基尼系数是一种可直接度量的方法，它克服了只关注均值差异的缺陷，且对变量中等水平的变化特别敏感。因此笔者利用基尼系数进行测度，选取“双一流”院校和本一录取率作为评价普通高中教育资源公平性的指标，从结果导向的角度检验河北省普通高中教育资源公平性的问题，并对不同划分标准录取率的基尼系数进行对比分析和原因探讨。

(一) 指标体系构建

基尼系数是20世纪初意大利经济学家科拉多·基尼（Corrado Gini）用来评价分配公平程度的指标。基尼系数是广义的分析工具，它不但可以用于收入分配问题的研究，还可以用于一切分配问题和均衡程度的研究。从20世纪70年代起，国外有学者利用基尼系数来测量教育公平程度的问题，到20世纪90年代，国内也有部分学者如杜育红①、王善迈②等也开始运用基尼系数对教育的公平性问题进行实证测量，此后，基尼系数作为教育公平测量工具的运用日益成熟。教育基尼系数被认为是衡量在时间序列上各国家和地区教育公平发展变化程度的有效指标，③ 目前，教育基尼系数已逐渐成为国际上测度教育公平程度的通用指标，从使用跨国数据研究教育公平的文献中可以看到这种发展趋势。④

对基尼系数最简单的解释是基于洛伦兹曲线。将基尼系数可以定义为洛伦兹曲线和绝对等高线（45度线）之间面积的两倍与盒子整体面积之比。公式如下：

$$I_{GLNI}=\frac{2}{n^{2}\overline{y}}\sum_{i=1}^{n}(y_i-\overline{y}) \tag{4-1}$$

其中，y_i 按升序排列。

皮施（Piesch）⑤ 和迈赫兰（Mehran）⑥ 分别提出了不同的基尼系数测算方法：

$$I_{PIESCH}=\frac{3}{2n^{3}\overline{y}}\sum_{i=1}^{n}i(i-1)(y_i-\overline{y}) \tag{4-2}$$

---

① 参见杜育红《教育发展不平衡研究》，北京师范大学出版社2000年版，第113—118页。

② 参见王善迈《教育公平的分析框架和评价指标》，《北京师范大学学报（社会科学版）》，2008年第3期，第93—97页。

③ *See* Ram R. "Educational Expansion and Schooling Inequality: International Evidence and Some Implications", *Review of Economics and Statistics*, 1990, p. 266—274.

④ 参见孙百才、刘云鹏《中国地区间与性别间的教育公平测度：2002—2012年，基于人口受教育年限的基尼系数分析》，《清华大学教育研究》，2014年第3期，第87—95页。

⑤ *See* Piesch W. Statistische Konzentratiosmasse. Tübingen: Mohor (Paul Siebeck). 1975.

⑥ *See* Mehran F. "Linear measures of income inequality", *Econometrica*, 1976, p. 805—809.

$$I_{MEHRAN}=\frac{3}{n^{3}\overline{y}}\sum_{i=1}^{n}i(2n+1-i)(y_i-\overline{y}) \tag{4-3}$$

本书基尼系数的测算是对指数的加权平均值，取值在 0 到 1 的范围内。

理论界一般使用人口的平均受教育年限来计算教育基尼系数，① 同理，高考分省份录取公平性系数（高考录取基尼系数）可以用高考录取人数占应届高中毕业生人数的比重来计算全国高考平均录取率和各省份录取率。② 随着社会对教育的重视程度逐渐提高，越来越多的家长和学生开始竞争本一以上院校，但本一院校，尤其是“双一流”高校数量有限，提供的优质教育资源非常稀少，因此这些高校的高考录取率在各省份之间的分配情况就非常具有典型代表性了。基于上文分析，本节选用“双一流”高校与本一高校在河北省各地区录取率代替高考录取率，进而计算按报名所在地和按户籍所在地“双一流”高校录取率以及按报名所在地本一高校录取率的基尼系数。将这些优质高校录取名额配置的公平性作为评价普通高中资源配置状况公平性的标准。

本节借鉴联合国开发计划署等组织对基尼系数的规定，设定教育基尼系数的评价值，其取值范围为 [0，1]，数值越大，不公平程度越高（见表 4-1）。

表 4-1　教育基尼系数及对应公平性状态

基尼系数值	小于 0.20	0.20～0.29	0.30～0.39	0.40～0.59	0.60 以上
公平性状态	高度平均	比较平均	相对合理	差距较大	差距悬殊

（二）普通高中教育资源配置均衡状况的公平性分析

本节运用基尼系数分别对河北省 11 个地区户籍所在地“双一流”录取率（户籍所在地“双一流”录取人数/报名人数）、报名所在地“双一流”录取率（报名所在地“双一流”录取人数/报名人数）以及报名所在地本一录取率

① 参见孙百才《测度中国改革开放 30 年来的教育平等：基于教育基尼系数的实证分析》，《教育研究》，2009 年第 1 期，第 12—18 页。

② 参见徐光木、朱钰荣、顾婧宜等《新高考背景下高考录取基尼系数的测度及效率损失——以中国人民大学为例》，《教育与考试》，2021 年第 5 期，第 5—12 页。

（详见附录）进行区域间普通高中教育资源配置公平性的测量。

如表 4-2 所示，G_1 表示按报名所在地划分河北省各地区“双一流”录取率的基尼系数，G_2 表示按户籍所在地划分河北省各地区“双一流”录取率的基尼系数，G_3 表示按报名所在地划分河北省各地区本一录取率的基尼系数。

表 4-2　2011—2019 年河北省普通高中教育资源配置基尼系数

基尼系数	年份								
	2011	2012	2013	2014	2015	2016	2017	2018	2019
G_1	0.28244	0.29485	0.29067	0.27496	0.28244	0.27303	0.2999	0.30727	0.32512
G_2	0.14995	0.1411	0.09955	0.10191	0.10523	0.1161	0.1064	0.10834	0.09304
G_3	0.28002	0.29578	0.27879	0.2837	0.25743	0.21809	0.21985	0.20792	0.22097

数据来源：据《河北经济年鉴（2012—2020）》《河北省教育事业统计摘要》整理计算得出。

表 4-2 是 2011—2019 年间河北省普通高中教育资源配置基尼系数情况，结果显示（见图 4-1），按报名所在地来看（G1），2011—2017 年“双一流”录取总体在 0.25～0.30 之间波动，从 2016 年开始持续上升，且 2018 年和 2019 年超过 0.30。按户籍所在地来看（G2），2011—2018 年“双一流”录取总体在 0.10～0.15 之间，且呈现波动下降趋势，在 2019 年达到最低值 0.09304。按报名所在地来看（G3），2011—2015 年本一录取率总体在 0.25～0.30 之间小幅波动，但从 2014 年开始逐年波动下降，到 2016 年后稳定在 0.20 左右。这说明按报名所在地来看（G1 和 G3），河北省普通高中教育资源配置基尼系数较高，公平性相对较低。按户籍所在地来看（G2），河北省普通高中教育资源配置基尼系数较低，公平性相对较高。

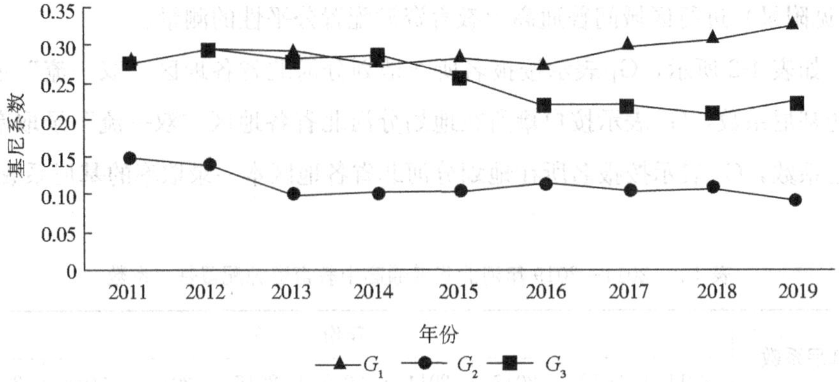

图 4-1 2011—2019 年河北省普通高中教育资源配置基尼系数

优质生源流动显著提高了“双一流”高校录取率和本一高校录取率的基尼系数。比较按报名所在地（G1）和按户籍所在地（G2）两组“双一流”录取率的基尼系数，在 2011 年到 2019 年间 G1 数据始终高于 G2。同时，2011—2019 年 G1 一直维持在 0.25 以上，最高在 2019 年达到 0.325，最低 2016 年也有 0.273；相对来看，2011—2019 年 G2 一直处于 0.15 以下，最高 2011 年也只有 0.149，处于高度平均状态（0.20 以下），这说明河北省普通高中资源配置状况按报名所在地的不公平程度高于按户籍所在地的不公平程度。在河北省 11 个地区中由于经济发展水平的差异和对教育的重视程度不同，石家庄、衡水等地区教育硬件配置高、福利待遇好、管理水平强，吸引了大量的优质师资力量和生源，造成了其他地市生源流失。以 2018 年招生计划为例，衡水全市共招收 52,161 人，其中衡水考生 39,283 人，外地考生 18,987 人，外地考生超过了总招生人数的 1/3。① 正是这种资源配置不均衡性造成生源流动不均衡，直接推高了报名所在地录取率（G1）的基尼系数，致使报名所在地录取率的基尼系数远远高于户籍所在地录取率的基尼系数，且差距逐渐拉大。

“双一流”高校录取名额在各地市之间配置的公平性持续降低。比较按报

---

① 《衡水中学高中生源“掐尖”现象纠偏背后：扩张仍在继续》，https://new.qq.com/omn/20200704/20200704A0AIWV00.html(2020-7-4)。

名所在地“双一流”录取率的基尼系数（G1）和按报名所在地本一录取率的基尼系数（G3），在2011—2014年间，二者数值差距较小，没有明显分化，从2015年开始，G1数值呈现波动上升趋势，而G3数值则波动下降，二者差距逐渐拉大，在2019年达到峰值，这说明“双一流”院校的招生名额更多集中到了少数地区的少数学校中，地区之间配置的公平性越来越低。2015年起河北省将自主招生安排在全国统一高考后进行，学校不需要在高考前针对自主招生考试进行辅导，可以把更多的精力用于提升教学水平、指导学生备战高考上。同时随着衡水模式的推广，各地教学水平大幅度提升，本一院校的招生名额在各地市之间配置的公平性不断提升，各地招生名额的争夺逐渐由本一院校转换成了“双一流”院校。从图4-1中可以看出，自2015年开始，“双一流”录取率的基尼系数不断增大，说明优质生源集聚现象依然严重。以2019年高考为例，衡水中学全校共275人（含保送）被清北录取，衡水市第二中学录取106人，石家庄市第二中学25人，武邑中学18人，四所学校占到了同期清北省内录取名额的77%左右。[①] 在名额有限的情况下，能够进入“双一流”院校的考生又相对集中，最终导致了“双一流”院校录取率在区域内的差距越来越大。

总的来说，一是河北省普通高中教育资源配置的公平性相对合理，3个基尼系数均处于0.40以下，尤其是从户籍所在地“双一流”高校的录取率（G2）来看，优质高校录取名额在河北省各地区配置高度平均。二是由于优质生源流动显著提高了“双一流”高校录取率（G1）和本一高校录取率（G3）的基尼系数，破坏了优质高校录取名额在河北省各地区配置的公平性，导致了普通高中教育资源配置公平性的失衡。三是“掐尖”现象仍然存在，“尖子生”不断向少数地区和学校集聚，导致按报名所在地“双一流”高校录取率（G1）的基尼系数持续攀升，优质高校招生名额这一最珍贵稀缺资源在各地区之间分配的公平性不断降低。

---

① 《2019年全国高中清北录取人数排行》，https://www.sohu.com/a/364136382_497733(2020-1-1)。

二、普通高中教育资源配置的公平性与均衡性的相关性分析

教育资源配置方式制约着教育的可持续性发展，教育资源配置公平与均衡之间既具有相互对立性，又具有协同性。因此，对于普通高中教育资源的配置而言，只有不断提高均衡性，才能实现更高层次的公平性，只有在更高层次上增进公平性，才能达到更高层次的均衡。在普通高中教育中合理有效的资源配置方式必须是讲求均衡又确保公平的，这样才能使教育保持持续、快速、稳定和健康的发展。

（一）普通高中教育资源配置的公平性与均衡性的因果关系检验

分析普通高中教育资源配置的公平性与均衡性的响应，首先要证明二者是否存在因果关系。本节运用 Stata 16.0 软件，先对普通高中教育资源配置的公平性（为保证效果直观，本节选用基尼系数较大的 G1 为代表进行测算）和资源配置均衡性（使用表 3-10 中所得首位度值）两个变量进行在险价值模型（Value at Risk，VAR）拟合，再进行格兰杰因果关系检验。检验结果（见表 4-3），普通高中教育资源配置的公平性与均衡性具有双向因果关系。根据 P>chi2 列，第一行在 1%的统计水平下显著拒绝原假设，第二行在 5%的统计水平下显著拒绝原假设。

表 4-3　普通高中教育资源配置的公平性与均衡性格兰杰因果关系检验结果

假设	观测值	chi2	P>chi2	决策	结论
普通高中教育资源配置公平性不是引起教育资源配置均衡性的原因	9	11.693	0.003	拒绝原假设	普通高中教育资源配置公平性是引起教育资源配置均衡性的原因
普通高中教育资源配置均衡性不是引起教育资源配置公平性的原因	9	45.476	0.000	拒绝原假设	普通高中教育资源配置均衡性是引起教育资源配置公平性的原因

由表 4-3 可知，通过对普通高中教育资源配置的公平性与均衡性进行格兰杰因果关系检验发现，普通高中教育资源配置的公平性与均衡性存在双向格

兰杰因果关系，即普通高中教育资源配置不均衡会导致教育资源配置不公平，普通高中教育资源配置不公平也会导致教育资源配置不均衡。

（二）普通高中教育资源配置的公平性与均衡性的响应识别

“响应”一般代表两种事物之间相互作用、相互影响的关系，在上节中我们证明了普通高中教育资源配置的公平性与均衡性存在双向格兰杰因果关系，本节参考产业结构演变的城市化响应系数①的建模思路，构建普通高中教育资源配置的公平性与均衡性的响应强度模型如下：

$$R = \text{Education unfair}/\text{Education resources mismatch} \quad (4\text{-}4)$$

其中，R 为响应系数，Education unfair 为普通高中教育资源配置公平性指标，Education resources mismatch 为普通高中教育资源配置均衡性指标。响应系数越大，表示强度越大，反之则强度越小。

本模型的意义：在一定时期内就一般区域而言，如果其他条件不变，当普通高中教育资源配置的公平性与均衡性比值增大时，普通高中教育资源配置不均衡会导致各地区间生源、师资等分配的不均衡，加剧普通高中教育资源配置的不公平程度。当普通高中教育资源配置的公平性与均衡性比值减小时，普通高中教育资源配置不均衡对教育资源配置不公平影响减小，此时普通高中教育资源配置会受到政策的支持，不均衡程度就会减弱，对普通高中教育资源配置公平性作用的强度也将变小。

利用式（4-4）得出了普通高中教育资源配置的公平性与均衡性的响应值（见表 4-4）。根据数值变化笔者制成了图 4-2。由图 4-2 可知，普通高中教育资源配置的公平性对教育资源配置均衡性响应的时序性演变过程在初期响应强度最小，而后随着时间的发展响应强度逐渐上升，2017 年达到顶峰之后又逐渐下降。对响应系数的变化过程进行分析，可将其划分为：平稳期（2011—2014 年）、上升期（2015—2017 年）、下降期（2018—2019 年）。

---

① 参见刘艳军、李诚固、王颖《中国产业结构演变城市化响应强度的省际差异》，《地理研究》，2010 年第 7 期，第 1291—1304 页。

表 4-4　2011—2019 年普通高中教育资源配置的公平性对均衡性的响应系数

系数	年份								
	2011 年	2012 年	2013 年	2014 年	2015 年	2016 年	2017 年	2018 年	2019 年
R	0.0622	0.0580	0.0689	0.0688	0.0834	0.1146	0.1486	0.1459	0.1079

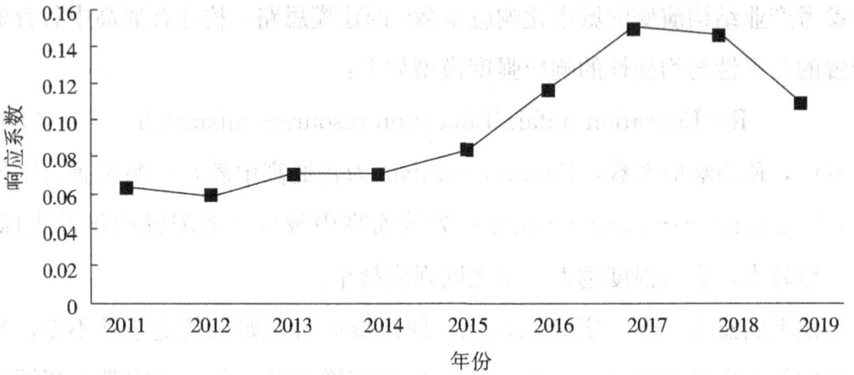

图 4-2　2011—2019 年普通高中教育资源配置公平性对教育资源配置均衡性的响应系数

(1) 平稳期：2011—2014 年间，响应强度大致分布在 0.06 左右，且呈现波动上升的趋势。在此期间，普通高中教育资源配置的公平性与均衡性大体相当，此时普通高中教育资源配置均衡性对教育资源配置公平性的影响较小。2010 年，河北省印发了《河北省中长期教育改革和发展规划纲要（2010—2020 年）》，该文件强调了调整和优化普通高中布局，适度控制学校规模，控制班额；坚持以城市薄弱高中和农村普通高中的建设为重点，逐步实现普通高中办学条件标准化，计划到 2015 年，全省所有普通高中达到基本办学标准。因此在 2011—2014 年间，各地市开始提升办学条件和质量，以各地市教育费用支出指标为例（见图 4-3），各地市在 2011—2014 年间，2014 年相对于 2011 年均呈现小幅增长趋势，石家庄市增长率为 37.20%，衡水市增长率为 22.80%，保定市增长率为 32.20%，张家口市增长率为 26.70%，沧州市增长率为 38.40%。由此可见，各地市教育费用支出呈现缓慢增长的趋势，各地普通高中教育资源配置均衡状况与公平程度仍然相对较低。

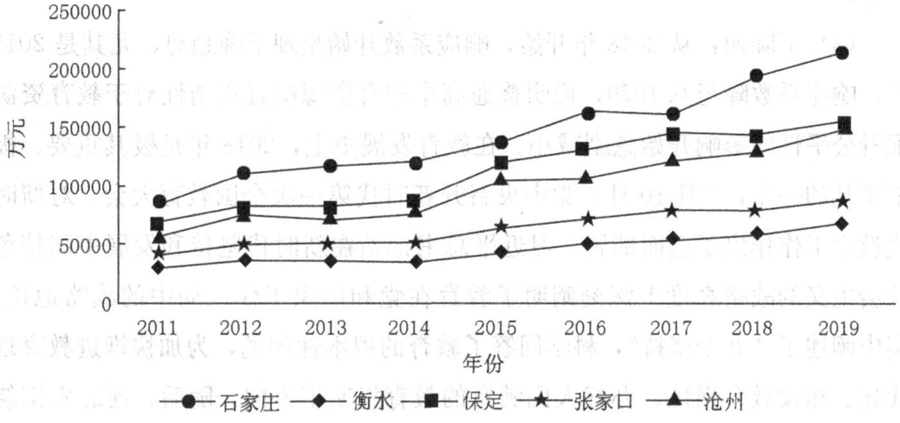

图 4-3　2011—2019 年部分地市全市教育费用支出

(2) 上升期：2015—2017 年间，响应系数急剧升高，从 2016 年开始超过 0.10，说明普通高中教育资源配置均衡性对教育资源配置公平性造成了很大的影响。《河北省中长期教育改革和发展规划纲要（2010—2020 年）》指出，普通高中达到基本办学标准后开始扩大优质普通高中教育资源，计划到 2020 年，省级示范性普通高中增加到 300 所，70%以上的高中生在省级示范性高中就读。而后河北省教育部门又发布了 2015 年秋季开学起取消普通高中择校生招生，全省义务教育阶段各学校接收划片就近入学新生的比例不得低于本校当年招生人数的 90%[①]这样的政策。河北省虽然提出了要标本兼治破解义务教育阶段择校的难题，但是对于民办学校而言却不受限制，依然可以进行跨地区招生，各“超级中学”开始利用“名气＋高额奖学金”等政策吸引优质生源。2017 年，衡水第一中学邯郸分校首届高一招生中，录取了邯郸市中考成绩第一名及 8 个县、区、校在内的近 2000 名优秀学子就读，实现了“开门红”。[②] 这种打破规则的招生方式造成了部分地市优质生源流失现象非常

① 周红松：《河北 2015 年秋季开学起取消普通高中择校生招生》，https://edu.qq.com/a/20140321/015989.htm(2014-3-21)。

② 《2018 年衡水第一中学邯郸分校招生》，http://www.hsdyzx-hdfx.com/web/info? id＝144 (2018-2-12)。

严重。

（3）下降期：从 2018 年开始，响应系数开始呈现下降趋势，尤其是 2019 年，响应系数降至 0.1079，说明普通高中教育资源配置均衡性对于教育资源配置公平性的影响开始急剧减小。在教育发展史上，2018 年是极其重要、极不平凡的一年，9 月 10 日，党中央召开新时代第一次全国教育大会，对新时代教育工作作出了全面部署。习近平总书记站在新时代坚持和发展中国特色社会主义的战略高度上深刻阐明了教育在党和国家工作大局中的战略地位，集中阐述了“九个坚持”，科学回答了教育的根本性问题，为加快推进教育现代化、建设教育强国、办好人民满意的教育指明了方向。随后，河北省围绕全国教育大会和习近平总书记重要讲话，深入分析和学习了教育工作面临的新形势、新任务，对加快推进河北省教育现代化、建设教育强省作出了全面系统的战略部署。① 2018—2019 年是我国贫困县脱贫摘帽的高峰期，2018 年河北省教育厅等部门印发了《河北省教育脱贫攻坚 2018—2020 年规划》，该文件指出要加快普及高中阶段教育，全面改善普通高中办学条件；加大财政支持力度，优先支持贫困县扩大教育资源，加强贫困地区教师队伍建设。河北省义务教育均衡发展现场推进会也明确指出，确保到 2020 年河北省所有县（市、区）全部实现县域义务教育基本均衡发展的任务目标。② 与此同时，针对外地民办普通高中为追求高考升学率而提前“掐尖”招生、利用钱物奖励方式抢夺生源等问题，石家庄、邯郸、保定等教育部门分别发布公告，明确要求未经批准或备案的外地民办普通高中一律不得在当地招生，这在很大程度上限制了优质生源的流失，保障了普遍高中的生源质量。在此期间，普通高中教育资源配置均衡性由于政策的支持逐步趋于稳定，对普通高中教育资源配置公平性的影响显著降低。

（三）普通高中教育资源配置的公平性与均衡性的耦合协调关系

耦合是物理学中的概念，指的是两个或两个以上的系统或运动方式之间

---

① 四建磊、王成果、赵建、马利：《河北召开全省教育大会 奋力推进由教育大省迈向教育强省的新跨越》，http://www.moe.gov.cn/jyb_sjzl/s3165/201903/t20190314_373390.html(2018-12-26)。

② 刘剑英：《2020 年河北县域义务教育基本均衡发展》，http//hebei.hebnews.cn/2017-05/26/content_6495832.htm(2017-5-26)。

通过各种相互作用而彼此影响以至联合起来的现象，耦合度可以用来评价两个或两个以上系统之间相互影响程度的强弱。笔者参考柯宝芳①的研究思路，对普通高中教育资源配置的公平性与均衡性进行耦合分析，为精确评价耦合度，可构建耦合度评价模型如下：

$$C = 2 \times \left[\frac{U_1 \cdot U_2}{(U_1 + U_2)^2}\right]^{\frac{1}{2}} \tag{4-5}$$

其中，C 为普通高中教育资源配置的公平性与均衡性的耦合度，C 值介于 $0 \sim 1$ 之间，C 越大表示普通高中教育资源配置的公平性与均衡性的耦合水平越高、相互作用越大。U_1 为普通高中教育资源配置的公平性指数，U_2 为普通高中教育资源配置的均衡性指数。

耦合度只能反映两个或多个系统间的作用大小，难以反映两个或多个系统间的协调程度。此时还需要进一步构建协调度模型来评价普通高中教育资源配置的公平性与均衡性间的协调水平。协调度模型如下：

$$T = \alpha T_1 + \beta T_2 \tag{4-6}$$

$$D = \sqrt{C \cdot T} \tag{4-7}$$

其中，D 为耦合协调度，D 值越大说明两个系统间的协同程度越高，反之则越低。T 为两大系统的综合评价指数，T_1 为普通高中教育资源配置公平性的综合评价指数，T_2 为普通高中教育资源配置均衡性的综合评价指数。α、β 分别表示普通高中教育资源配置的公平性、均衡性在两者协调发展中的重要程度，由于两者同样重要，此处 α、β 均取值 0.50。同时，借鉴现有文献的耦合协调评价分级标准，并结合研究实际情况，将普通高中教育资源配置的公平性与均衡性的耦合协调度分为 5 个等级(见表 4-5)。

① 参见柯宝芳、陈建国、赵霞《我国省域高质量的空间趋同及其与高等教育水平的耦合关系的研究》，第六届全国大学生统计建模大赛优秀论文集 2019 年版。

表 4-5 耦合协调度等级划分标准

耦合协调度 D 值区间	协调等级	耦合协调程度
(0, 0.09)	1	极度失调
(0.1, 0.19)	2	严重失调
(0.2, 0.29)	3	中度失调
(0.3, 0.39)	4	轻度失调
(0.4, 0.49)	5	濒临失调
(0.5, 0.59)	6	勉强协调
(0.6, 0.69)	7	初级协调
(0.7, 0.79)	8	中级协调
(0.8, 0.89)	9	良好协调
(0.9, 1.0)	10	优质协调

通过计算得出的 2011—2019 年普通高中教育资源配置的公平性与均衡性的耦合协调度值（见表 4-6）。从表 4-6 中可以看出，2011—2017 年间河北省普通高中教育资源配置的公平性与均衡性相互促进作用逐渐加强，2017 年以后，相互促进作用逐渐呈现减缓趋势，故两者之间的耦合协调发展趋势呈先明显后有衰减之势。耦合协调度从 2011 年的中级失调到 2017 年的中级协调再到 2019 年的勉强协调，从整体来看，其耦合协调度可分为三个阶段：第一阶段为 2011—2014 年失调期，耦合协调度由 2011 年的 0.285 发展为 2014 年的 0.439，这表明在 2015 年之前，河北省的主要目标是调整和优化普通高中布局，逐步实现普通高中办学条件标准化，普通高中教育资源配置的公平性与均衡性都明显偏低，相互促进作用不明显，耦合度处于失调状态。第二阶段为 2015—2017 年协调上升期，耦合协调度由 2015 年的 0.637 发展为 2017 年的 0.747，这表明在 2015 年之后，各地区都在提升普通高中教育资源，好的地区凭借地理位置、教学条件、管理水平等吸引优质生源，家长的教育意识和对教育的重视程度导致教育呈现出功利性目的，河北省教育内卷化情况愈发严重，各种教育资源不均衡严重制约着教育的公平。第三阶段为 2018—

2019年协调下降期，耦合度由2018年的0.692下降至2019年的0.559，这表明在河北省普通高中教育资源配置的公平性与均衡性相互促进作用下有缓解之势，随着教育脱贫与教育振兴的不断推进，普通高中教育资源配置均衡性由于政策的支持趋于稳定，对普通高中教育资源配置公平性的影响不断降低。

表4-6　2011—2019年普通高中教育资源配置的公平性与均衡性的耦合协调程度

年份	耦合度C值	协调指数T值	耦合协调度D值	协调等级	耦合协调程度
2011年	0.242	0.335	0.285	3	中度失调
2012年	0.215	0.429	0.303	4	轻度失调
2013年	0.990	0.195	0.439	5	濒临失调
2014年	0.420	0.459	0.439	5	濒临失调
2015年	0.976	0.416	0.637	7	初级协调
2016年	0.689	0.574	0.629	7	初级协调
2017年	0.856	0.652	0.747	8	中级协调
2018年	0.906	0.528	0.692	7	初级协调
2019年	0.728	0.428	0.559	6	勉强协调

（四）普通高中教育资源配置的公平性与均衡性的耦合协调程度的影响因素

根据前文分析可知，普通高中教育资源配置的公平性与均衡性之间存在双向因果关系，所以如果直接对两者进行回归分析，必然因较大的内生性问题影响结论的科学性，同时鉴于本研究的数据特征，在此采用灰色关联分析法对普通高中教育资源配置的公平性与均衡性的耦合协调程度的影响因素进行分析。灰色关联度的计算公式如下：

$$\lambda_{oj}(k)=\frac{\min_{j}\min_{k}|x_o(k)-x_j(k)|+\delta\max_{j}\max_{k}|x_0(k)-x_j(k)|}{|x_0(k)-x_j(k)|+\delta\max_{j}\max_{k}|x_0(k)-x_j(k)|} \tag{4-8}$$

式中：$\delta\in(0,1)$，$k=1,2,\cdots,n$；$j=1,2,\cdots,m\lambda_{oj}(k)$为关联系数；$x_0(k)-x_j(k)$为差序列。

灰色关联度为.

$$\lambda_{oj}=\frac{1}{n}\sum_{k}^{j}\lambda_{oj}(k) \tag{4-9}$$

依据（4-8）式，以各地区的学校数量、示范学校数量、专任教师数量、教育支出、招生比例为不均衡响应强度，以各地本一升学率、“双一流”录取差异响应强度为影响因素，对响应系数与外在影响因素进行关联度分析（见表 4-7）。

表 4-7　普通高中教育资源配置的公平性与均衡性的耦合协调程度的影响因素

影响因素	关联程度	排序
各地学校数量不均衡	0.5406	7
各地示范学校数量不均衡	0.5530	5
各地专任教师数量不均衡	0.5602	3
各地教育支出不均衡	0.5588	4
各地招生比例不均衡	0.5666	1
各地在校学生比重不均衡	0.5486	6
各地本一升学率差异	0.5400	8
各地“双一流”录取差异	0.5604	2

数据来源：《河北省教育事业统计摘要》《河北经济年鉴》和《中国城市统计年鉴（2012—2020）》。

从表 4-7 中可以看出，在普通高中教育资源配置的公平性与均衡性的耦合协调程度的影响因素中，各地招生比例不均衡、各地专任教师数量不均衡、各地教育支出不均衡、各地“双一流”录取差异为响应强度较大的影响因素。在教育发展的过程中，部分地区产生了“超级中学”，这些“超级中学”利用自身积累的名气和高额奖学金等招牌，对各地高分尖子生层层掐尖，同时吸引高分复读生，使得优秀生源过于集中，引发了区域优质教育资源的流失，动摇了根基。尤其是在经济较差的县级城市，曾经很有竞争力的县级高中难以为继，打破了区域间的教育生态平衡，各地招生比例不均衡是造成普通高中教育资源配置不公平的主要原因，关联度高达 0.5666；“双一流”大学历史底蕴深厚，学习环境好，相对于普通大学来说经费投入预算较高，学校的平台资源也较为宽广，在教育发展的过程中，大家越来越追求高质量教育，“超级中学”正是通过“双一流”等名校录取率巩固和提升学校名气，吸引更多优秀学生，不断垄断优质教育资源和垄断一流大学入学机会的，关联度高达 0.5604；各地在为发展高中教育不断加大资金的投入，教育费用支出总体呈逐年上涨趋势，尤其是资本介入教育行业以来，2013 年衡水中学与衡水当地企业河北泰华锦业房地产开发有限公司合作共投资 9 亿余元投建了民办中学衡水市第一中学，这种合作方式充分提升了教育财力的资本。① 在各学校发展过程中，优质教师资源必不可少，各地区通过落户、住房等一系列针对教师的保障政策，吸引优质教师资源的加入，因此人力和财力的影响相对较高，关联度分别为 0.5602 和 0.5588；教育质量、示范学校基础设施、师资力量等对于开展教学活动具有很大影响，各地示范学校数量不均衡也会导致各地教育水平参次不齐，关联度为 0.5530；各地区占地面积大小不一，人口数量存在较大差距，形成的教育规模也各不相同，以 2019 年为例，石家庄在校生人数 174,010 人，学校数 126 个，而秦皇岛在校生人数只有 47,177 人，学校数 34 个，秦皇岛的两个数值均为石家庄的 1/3 左右，在校生人数和各地学校数量是决定当地教育规模大小的重要指标之一，关联度分别为 0.5486 和 0.5406；随着高校不断扩招，能够进入本一院校学习的学生越来越多，相对于其他软硬件条件而言，各地本一升学率差异导致的影响较小，关联度为 0.5400。

三、普通高中教育资源配置失衡引发的非公平性危害

普通高中教育阶段作为义务教育和高等教育的重要衔接，其资源配置的公平与均衡状态会直接影响整个教育生态平衡，进而衍生出一系列社会问题。

① 参见蒋子文、宋江云《河北衡水第一中学已更名为衡水泰华中学》，https://www.thepaper.cn/newsDetail_forward_16688934(2012-2-14)。

根据前文的相关分析可以得出，普通高中教育资源配置的均衡性与公平性密切相关，所以普通高中教育资源配置失衡势必对公平性造成一定危害。经过实地调研和文献整理之后，笔者将这些负面影响概括为造成社会心态焦虑、推高家庭教育投入、加剧社会阶层流动困难、导致非市场化人口流动以及引发教育腐败五方面。

(一) 衍生社会心态的焦虑，加重教育领域内卷

普通高中教育资源配置的不公平与不均衡会引发社会公众对获得优质高中教育资源的普遍焦虑。社会心理学认为，社会心态作为一个社会的理论事实，不仅是一个重大的理论课题，还与处于转型时期中国社会的社会实践紧密相关，[①] 这就是为什么可以很好地解释在现有的高考体制下，面对优质高校入学机会的竞争如此激烈，社会心态普遍呈现出焦虑、不满等负面情绪。在普通高中教育受到广泛关注的情形下，面对当前其优质资源稀缺和配置失衡的现实状况，公众心态难免失衡：一方面是家庭从基础教育阶段就开始投入海量的精力与财力，家长和学生压力巨大，焦虑的心态可想而知。另一方面是家庭寄希望于“教育改变命运”，倘若无法平等地享受优质教育资源，一旦希望破灭，心态焦虑之外还可能会对社会产生不满。因此，在高质量普通高中教育资源本就不足的情况下，其配置的失衡状态势必愈加脱离广大民众的现实生活与内在需要，进而衍生出学生及家长自小学到高中教育阶段的焦虑，而在这种焦虑情绪之下的教育本身也就偏离了时代所赋予它的意义与价值。[②]

普通高中教育资源配置不公平与不均衡造成的教育领域内卷化体现在两个层面：第一层面是学校间的不良竞争会危害教育生态平衡。在教育学理论中，学校教育的发展应遵循一些基本规则：学生应具有平等的受教育权和多样化的发展需求，但是特殊手段与权力之下的学校的资源配置并不平等。[③] 以“超级中学”为代表的特权学校，通过对各地学生的掐尖录取以及优秀师资的

---

① 参见杨宜音《个体与宏观社会的心理关系：社会心态概念的界定》，《社会科学研究》，2006年第4期，第117—131页。

② 参见崔景贵《社会学视野中的心理教育》，《教育科学研究》，2005年第4期，第46—50页。

③ 参见储朝晖《良好的教育生态应遵守校际伦理》，《当代教育家》，2017年第6期，第1页。

资本吸引，造成优质教育资源的非正常流动，使得其他高中陷入困境，甚至影响义务教育阶段的常规办学，本该是自然流动的教育资源平衡被打破，学校之间内卷严重。第二层面是学生间的激烈竞争带来巨大压力。教育学者通过调查研究普通高中生参加课外辅导的现状发现，教育补习对于主流学校的教学有负面影响，容易导致学生学习兴趣缺失、缺勤增加。① 校外培训机构虽然在"双减"政策下有所规范，但缘起于优质教育资源稀缺和配置失衡问题的内卷仍在继续，课外辅导、各类培训等仍是多数普通高中生争取优质教育资源的选择。因此，鉴于高中教育阶段具有承前启后的特殊功能，如果不能实现优质普通高中教育资源的有效供给和均衡配置，短期内整个教育领域的内卷问题恐无法得到根治，甚至还会有加剧的风险。②

（二）推高家庭的教育投入，造成教育不公平

随着研究的不断深入，学者们对家庭教育投入问题的认识也逐渐从对经济学中人力资本的积累转化到从家庭维度分析教育公平的问题。③ 具体来看，很多家庭对进入理想高中的准备期已提早至义务教育阶段，其突出表现是参加各类校外培训和就读所谓的私立名校，在家庭对优质教育资源需求日益增长的背后，实则是各阶段教育资源配置不均与教育链条衔接不紧的问题。根据调查数据显示，我国中小学阶段学生的校外培训总体参与率为 48.30%，参与校外培训的学生平均支出约为 5616 元，④ 这对很多家庭而言都是一笔不小的开支。虽然"双减"政策对培训费用提出了相关要求，但在优质教育资源仍需竞争的情况下，家庭对教育的额外投入这一明显特征将持续存在，而教育的不公平现象也必将长期伴随。

在经历了准备期的持续投入后，即便学生进入理想的高中，家庭依然面临着不小的教育投入。广义上的家庭教育投入除包括家庭在教育中的货币性

① 参见秦昊《青岛市高中生课外辅导现状研究》，山东师范大学 2018 年硕士学位论文。

② 参见陈诚、包雷《内卷的产生机制与教育内卷的破解》，《中国考试》，2022 年第 2 期，第 81—88 页。

③ 参见蔡玲《家庭教育投入问题研究述评》，《社会科学动态》，2022 年第 2 期，第 68—78 页。

④ 王蓉：《中国教育新业态发展报告（2017）——基础教育》，http://ex.cssn.cn/zx/bwyc/201807/t20180710_4500090.shtml(2021-9-18)。

投入外，还包括家庭在教育中投入的时间、精力、情感等非货币性投入。[①] 根据笔者实地调查发现，“超级中学”除少数尖子生外，多数学生家庭往往需要缴纳高额择校费，一年的学费在15000—20000元之间，再加上书本费、食宿费、服装费等成本，很多经济条件一般的家庭为了孩子有机会上名校而背上了沉重的经济负担。此外学生家庭更要在接送、陪读等方面投入大量的时间与精力，为的只是能够让孩子享受稀缺的“优质教育资源”，在有限的高校录取名额中脱颖而出。可见，普通高中教育资源配置的不公平与不均衡大大增加了家庭负担，而家庭教育支出间接影响着家庭的其他消费支出，较高的家庭教育负担系数无疑会对地区消费结构升级和地区消费市场发展造成一定影响。[②]

（三）阻碍社会阶层的流动，加剧社会阶层固化

普通高中教育资源配置的不公平与不均衡大大降低了寒门子弟进入名校的机会，直接导致了重点高校生源的固化。不少学者通过实证研究发现，社会分层会对子女受教育的层次产生重要影响，优势阶层在获得高等教育资源，尤其是优质高等教育资源方面的机会是劣势阶层的数倍。[③] 一方面，劣势阶层家庭很难负担起学生从小学就开始的各类辅导成本，这使得多数寒门学子在成绩竞争上处于劣势。另一方面，即便在成绩相当的情况下，高额的择校费用也阻隔了劣势阶层家庭的学生进入优质高中的机会。由于社会各阶层享受优质高中教育资源的机会不均等，导致了重点高校生源阶层的分化。例如有研究发现，中国重点大学农村学生比例自1990年起不断下降，北京大学农村学生所占比例从三成落至一成、清华大学2010级农村生源仅占17%。[④] 同时，体育类、艺术类等高校录取渠道，其高额的培养成本在一定程度上也只

① 参见李佳丽、张平平、武玮《家庭教育投入对学生发展的异质性影响效应研究》，《国家教育行政学院学报》，2021年第8期，第35—45页。

② 参见李晓蕴《基础教育阶段城市家庭教育支出负担的个案时序分析——以某一线城市B市一个普通中等收入家庭为例》，《教育观察》，2020年第43期，第14—16页。

③ 参见谭敏、谢作栩《家庭背景、族群身份与我国少数民族的高等教育获得》，《高等教育研究》，2011年第10期，第50—58页。

④ 杨东平：《警惕对农村学生教育机会的制度化伤害》，http://blog.sina.com.cn(2021-9-18)。

是优势阶层才能负担得起，劣势阶层学子进入名校的难度较优势阶层来说要大得多。

重点高校生源固化显著加剧了社会阶层的固化。现代社会中人们拥有的社会资源在一定程度上决定着其所处的社会阶层，考入重点高校无疑是劣势阶层学子实现阶层上升的有效途径。然而，在教育资源配置不公平与不均衡的情况下，少部分优等生享受着大部分优质教育资源，这些优等生大多来自优势社会阶层，重点高校的入学机会更多被他们享有着，当这些优等生进入社会后又能争取到更多的社会资源，其社会地位也就得到了巩固。劣势阶层学子进入重点高校的难度非常大，阻碍了其改变家庭社会地位的途径，优势阶层地位的巩固和劣势阶层上升的困难制约了社会的合理流动，使社会结构无法有序调整，导致了社会阶层的固化。此外，优势阶层利用更多的社会资源更容易使资本再扩大，因教育资源分配不公而导致的收入两极分化有加大的趋势，① 致使劣势阶层人群更难以享受足够的优质教育资源，也使得社会阶层分化进一步加剧。

（四）造成非市场化的人口流动，迟滞教育资源劣势区域经济社会发展

普通高中教育资源配置不公平与不均衡导致了非市场化的人口流动，影响了地区的均衡发展。从经济学理论来看，人口流入往往意味着更多的劳动力，更多的消费、投资和技术。② 比如京津与河北，衡水与周边地区、城镇与农村之间，较发达的地区凭借优质的教育资源、完善的教育设施与先进的教育理念吸引了大量周边、农村学生前来就学，同时也吸引了大量进城陪读的父母，这些单向式的人口流动带动了流入地区教育、餐饮、交通、医疗等第三产业的发展，也导致了流出地区相关产业的发展滞后，从而加剧了区域、城乡之间发展的不均衡。

当前变相推高教育落后地区的教育投入成本，直接影响了乡村振兴的进程。虽然经过脱贫攻坚期的持续努力，原贫困地区的整体教育水平有了大幅

① 参见黄静《教育资源分配的不均衡及其对社会公平的影响》，《理论与当代》，2009 年第 5 期，第 29—32 页。

② 参见周道洪《人口流动引发区域、城市经济分化》，《上海国资》，2021 年第 11 期，第 15 页。

提升，但其整体教育水平依然处于相对落后的状态，优质普通高中教育资源更是严重不足。但教育作为巩固脱贫成果的治本之策，也是实现乡村振兴的根本动力，获得优质教育机会是社会普遍的共识。按照《河北经济年鉴》的数据，2016 年人均教育文化娱乐支出占人均可支配收入的 70.50%，2017 年为 71.10%，2018 年为 69.90%，可见教育投入成本占家庭可支配收入的比例很大，“因教返贫”依然是中低收入家庭面临的现实风险。在普通高中教育资源配置失衡的背景下，教育落后地区的家庭为了享受高质量的普通高中教育必须支付额外的择校、接送、看望等费用，让就读高中的实际支出大幅提高，而这个支出如前文所述，在一些地区已经远远超出了就读大学的费用，且就读普通高中尚缺少助学贷款等政策支撑，这让许多农村中低收入家庭望而却步。所以从高额的就读费用和稀缺的就读机会两个层面而言，普通高中教育资源配置的失衡将在一定程度上影响乡村振兴的推动进程。

社会资本与人才严重流失削弱了地区发展的后劲。按照一般经济学理论，公共资源的优劣和服务水平的高低极大影响着人才、资本等资源要素的流动。教育作为一种公共资源，在影响社会资源要素流动方面发挥着极其重要的作用，所以普通高中教育资源的优劣水平在一定程度上影响着当地生源、师资乃至社会资本的进出。拥有“超级中学”的普通高中教育资源优势地区不断虹吸着处于劣势地区的生源、师资等教育资源，而这种逆向的非均衡流动导致原本就处于劣势地区的教育经费、教学设备与师资力量等更跟不上社会的发展，甚至一些学校“倒闭”了。如果教育资源和公共服务能力不断弱化，则会持续拉低该地区对各种优质资源要素的吸引力，从根本上削弱其经济社会发展的动力。

(五) 衍生教育腐败问题，破坏社会的公平正义

普通高中教育资源配置的不公平与不均衡衍生出了教育腐败问题。各类学校在优质生源抢夺的过程中，为了获得学生信息，通过权物交易、权钱交易等手段贿赂学校领导、老师等，更有部分教师为了“回扣”游说学生，给学生的选择造成困扰。对于一些成绩不达线的学生想进入“超级中学”学习，家长又通过老师、教育部门等关系，交取高额择校费或赞助费进入“超级中

学”就读，出现了“走后门”“特权生”等现象。在高中择校期间，由于各种教育腐败问题滋生，不仅直接影响了学生的身心健康发展、破坏了学校的公信力，更加歪曲了教育行业的形象、影响社会教育事业的和谐发展，对社会造成了恶劣的影响。

普通高中教育资源配置的不公平与不均衡破坏了社会的公平正义。一些贵族学校虽然教育资源比较优越、环境较好，但是会收取高额的教育储备金，这直接导致了不同阶层、不同水平的学生拥有的教育资源存在差距，这在一定程度上也加剧了教育资源配置的不公平。同时各学校对于优质生源的抢夺更是造成了重点学校与普通学校的分化，少数优质生源通过各种途径进入“超级中学”接受精英教育，而大多数普通学生却错失了接受优质教育的机会，教育公平问题受到了影响，造就出新的社会不公平问题。

第五章　河北省普通高中教育资源配置状况形成的历史原因和现实原因探究

影响教育资源配置的原因众多，主要包括地理区位、宏观政策、经济发展、民族文化等,[①] 多种原因共同作用且相互影响。本章遵循问题导向，从历史和现实的视角出发，全面系统地分析河北省普通高中教育资源配置状况形成的原因，因为唯有如此做法才能找准问题根源精准发力，从而有效提高河北省普通高中教育资源配置效率及均衡水平。通过文献分析和社会调查研究，造成当前河北省普通高中教育资源配置状况的主要原因包括国家政策推动、不同区域发展高中阶段教育的基础性条件存在差异、优质生源跨区域单向流动、高中教育阶段市场化力量介入等。

一、国家相关政策的变化深刻影响着河北省普通高中教育资源配置的历史进程

国家大政方针是我国教育发展的根本遵循，国家政策也决定着各地普通高中教育资源配置的基本模式。以纵向的历史视角来看，我国普通高中教育政策的改革与发展大体可划分为集中力量发展重点高中、加快普及高中教育、注重高中教育公平三个阶段。河北省普通高中发展以及普通高中教育资源配置受到国家相关政策因素的影响，经历了向重点倾斜、规模迅速扩大、注重

---

① 赵波、李宏、武友德等:《区域教育资源空间优化配置的理论初探》,《教育科学》, 2001 年第 2 期，第 6—7 页。

均衡配置的发展进程。

（一）从新中国成立到20世纪末，相关政策有意引导有限的高中教育资源配置向重点学校倾斜

从新中国成立到20世纪末，国家对于普通高中教育发展的政策是集中力量建设重点高中，这使得有限的教育资源向重点学校倾斜。新中国成立初期百废待兴，教育资源相当有限，这时期首先注重工农干部和工农积极分子的教育，首先是男女青年和其他迫切要求学习的工农。[①] 据统计，1953年全国普通中学工农等劳动人民子女所占比例超过71%，[②] 当时能够享受普通高中教育资源的主要是工农阶级，这是由当时的国家形势及政治任务决定的。

20世纪90年代起，重点学校政策开始受到公众质疑。1995年国家教育委员会在《关于评估验收1000所左右示范性普通高级中学的通知》中明确指出，2000年以前"建设并评估示范性普通高中"，"示范性"取代"重点"的提法。但示范性学校在获得优质教育资源方面较其他学校优势依然明显，名称的变化并未从根本上改善河北省普通高中教育资源配置的不均衡问题，公众普遍认同的"位次排序"仍然存在。

（二）从2000年到2010年，鼓励高中教育规模化发展的相关政策导致资源配置失衡状况进一步加剧

从2000年到2010年，随着国家加快普及高中阶段教育，普通高中教育规模得以迅速扩大。2001年《国务院关于基础教育改革与发展的决定》提出，"大力发展高中阶段教育，促进高中阶段教育协调发展。有步骤地在大中城市和经济发达地区普及高中阶段教育"，"十五"期间，"高中阶段入学率达到60%左右"；"十六大"时提出我国教育要实现从教育大国到教育强国的历史性跨越，从2001年到2010年，高中阶段毛入学率将达到70%左右。

在加快普及高中阶段教育的政策下，河北省普通高中教育资源得到了有效扩充。政府增加教育投入的同时，在市场经济作用下，社会组织和个人对

① 参见钱俊瑞《为提高工农的文化水平，满足工农干部的文化要求而奋斗：一九五〇年九月三十日在第一次全国工农教育会议上的总结报告》，《人民教育》，1951年第5期，第12—16页。

② 马和民：《教育社会学研究》，上海教育出版社1998年版，第98页。

普通高中教育的投资也大大增加，教育经费的筹措渠道日益多元化，部分地区高中阶段教育逐渐形成产业化发展。在此时期，示范中学依旧获得了政府的优先支持，此类学校在硬件设施、办学规模等方面得到快速提升，吸引了大量优秀师资及优质生源进入，个别学校逐渐发展成为“超级中学”，学校间的发展差距明显拉大。在此背景下，“择校”现象愈演愈烈，社会认同度高的学校在得到地方政府支持的同时，还能够获取可观的择校费用，学校之间的不均衡发展问题日趋严峻。更为严重的是，普通高中教育资源配置的不均衡打破了河北省地市之间原有的教育生态平衡，多地优质高中生源持续外流，与此同时，还在相当程度上加重了学生家庭的经济负担。

（三）自 2010 年至今，国家政策开始更加注重发展对高中教育资源均衡配置的引导

自 2010 年以来，国家政策开始更加注重发展高中阶段教育的公平性，逐步对普通高中教育资源均衡配置加以引导。《国家中长期教育改革和发展规划纲要（2010—2020 年）》指出，“到 2020 年，普及高中阶段教育、推动普通高中多样化发展、鼓励普通高中办出特色、全面提高普通高中学生综合素质”。2012 年教育部《关于“十二五”期间加强学校基本建设规划的意见》中提出，“科学规划学校的区域和城乡布局，在有条件的地区加快推动城乡教育一体化、合理确定学校规模，注重扩大优质教育资源的数量”。

在国家政策的调控下，河北省普通高中教育资源配置开始兼顾城乡及校际间的均衡。学校的办学规模及班额情况得到政府干预，同时违规收费、课业负担等问题也有了改善。但是也要看到，公众对优质教育资源的需求不断提高，教育资源配置的重点也在从量向质转变，相对于需求而言，优质教育资源供给依然存在问题，以择校为代表的追逐优质高中教育资源的现象依然盛行，河北省普通高中教育资源配置的失衡状况尚未得到根本扭转。因此，调整普通高中教育资源配置格局，提高资源配置公平度，尤其是优质普通高中教育资源配置的均衡性，对实现河北省整体教育公平意义重大。

二、基础性条件差异决定了不同区域发展普通高中教育的能力

我国普通高中阶段教育实行“由地方负责、分级管理、以县为主”的管理体制，区县一级政府因其各自所处的自然条件、经济水平、重视程度等因素的不同，对区域内的高中阶段教育发展采取的策略也各有不同。概况而言，影响河北省普通高中教育资源配置的区域因素主要体现在不同地市之间的差异和城乡区域之间的差异两个方面。其中，影响不同地区之间发展高中阶段教育的基础性因素主要有区位条件、经济发展水平、地方政府决策等，影响城乡区域之间发展高中阶段教育的基础性因素主要有办学条件、经费投入、师资力量等。

（一）不同地区之间发展普通高中阶段教育的基础性差异

区位条件因素直接关系到普通高中教育资源的流入。区位条件因素主要包括自然条件因素和政治环境因素两方面，它是影响区域间高中阶段教育发展模式的最基本因素。自然条件因素主要是指普通高中所在地的地理位置、地形海拔、气候条件、资源禀赋等自然存在的各种条件，是该地区高中阶段教育资源配置的先决条件，其会影响学校的选址、发展规模、空间布局等基础条件。自然条件相对较适宜的地区一般更适合高中的建立与发展，反之自然条件较恶劣的地区普通高中存在与发展的概率较低，如我国东南沿海自然条件较适宜的地区高中数量与办学规模较西北自然条件相对恶劣的地区存在优势。政治环境因素主要是指普通高中所在地除自然条件因素之外的政治生态、社会发展水平、风土人情等政治人文因素，是该地区高中阶段教育资源有效配置的重要保障，其会影响学校的办学理念、师资建设、生源数量等发展条件，政府重视程度高、社会尚学氛围浓厚的地区，一般来说高中阶段教育资源的配置效率也会更高，反之则会制约教育资源的有效配置。以京津冀地区为例，2011 年河北省中小学生均教育经费不及北京的 1/4 和天津的 1/3，河北省中小学优秀校长和骨干教师流向京津等经济发达地区的现象也很严

重。① 河北省各地市之间自然和人文环境差异较大，自然条件和政治环境因素优越的地区能够获得政府资金、优秀教师资源、社会力量和优质生源等高中阶段稀缺的教育资源流入，因为相比于义务教育，政府在高中阶段教育资源配置中受到的限制更多、社会资本力量参与更多，生源流动性也比义务教育阶段更大。以衡水 2018 年招生计划为例，全市共招收 52,161 人，包括衡水考生 39,283 人，外地考生 18,987 人，外地考生主要来自石家庄、保定、张家口、秦皇岛等 12 个地市，本地与外地生源比例近 2∶1。② 因此在高中教育资源灵活流动的背景下，优质教育资源会更多的流入区位条件因素更佳的地区，这是影响河北省普通高中教育资源均衡配置的基础性因素。

经济发展水平因素直接影响着地方普通高中教育经费的投入。地方教育经费投入的主要来源是地方政府财政资金，不同地区之间的经济发展水平直接决定着政府财政支出能力，也直接影响着教育经费的投入，因而不同地区之间经济发展的不平衡是河北省普通高中资源配置不均衡的主要制约因素。经济较发达的地区，政府财政相对充裕，用于普通高中教育的经费投入较多，能够配套较先进的教学设施、培训优秀的教师资源、引入先进的教学理念等。经济发展相对较差的地区，能保证教师工资的按时发放已然吃力，一些学校还要依靠社会力量解决学校发展难题，甚至个别地区还要通过从高中赞助费中抽取一部分费用来缓解政府财政压力，因此对普通高中教育经费的投入必然不足，从而面临基础设施落后、教育资源匮乏、教师积极性普通偏低等难题。从 2017 年普通高中教育投入指数来看，全国均值为 13,769 元/生，其中北京最高，为 61,409 元/生，河南最低，仅为 8149 元/生，北京生均投入是河南的 7.54 倍、从普通高中发展水平与经济发展的关系来看，普通高中发展水平最强的均为东部经济发达的直辖市，发展最薄弱的除河南外，均为西部

① 参见张永、宋伟雄《谈京津冀协同发展中河北普通高中教育发展的挑战及机遇》，《华夏教师》，2015 年第 2 期，第 14—17 页。

② 参见苏长青、白丽荣、周文杰等《衡水市高中阶段教育发展现状及对策》，《现代农村科技》，2019 年第 5 期，第 67—68 页。

经济欠发达的省份。[①] 高中阶段教育经费的投入直接影响着办学条件、师资水平、教学质量，影响着学生对优质教育资源的获得，从而影响该地的教育发展水平，因此，不同地区之间经济发展不均衡就会在相当程度上导致区域间普通高中教育发展的不均衡，所以说经济发展水平因素是影响高中教育均衡发展的客观条件。从另一个角度来看，地方高中阶段教育发展水平的提高对该地区经济发展能够起到推动作用。经济发展的基石是人力资本，一个地方加大高中阶段教育资金投入，在带来的教育规模扩大和教学质量提升的同时，还会明显带动该地区人力资本的积累和提升，进而积蓄该地区经济发展的潜能，推动当地经济持续向好发展，形成地方经济高质量发展与教育高质量发展的良性互动格局。

地方政府决策因素直接关乎辖区内各普通高中的发展前途。地方政府决策因素对高中阶段教育发展模式以及普通高中教育资源配置起着导向作用。地方教育政策对高中阶段教育发展的影响最为直接的是影响河北省普通高中教育资源均衡配置的深层因素。地方政府能够通过行政手段对个别学校在教育经费、师资力量、生源分配等方面给予政策倾斜，甚至将部分学校合并发展成为“超级中学”。此类学校以高升学率成为地方政府的政绩工程，久而久之在教育资源获得方面形成了绝对优势，不止本地其他高中，其他地区的普通高中也无法与之较量。例如 2003—2005 年间，某市的主管副市长和教育委员会提出建议将市区内一所名校搬迁，通过摊派和借债等方式筹集了 2 亿元资金，用 50 多万平方米的土地打造了一个新校区，接着又将市区内的另外一所重点中学与之合并，最终打造了一所在校生五六千人的“超级中学”。[②] 地方政府决策因素实际上体现出各地在高中阶段教育政策制定方面的价值取向。对个别学校的政策倾斜本质上是对教育资源的不均衡配置，决策者在制定政策时出于对特定主体的偏向，通过主观意志进行资源集中投放，势必影响辖

① 常宝宁、李录琴：《普通高中发展水平及其影响因素研究》，《现代基础教育研究》，2021 年第 4 期，第 58—66 页。

② 秦雯：《“超级中学”现象研究》，湖南师范大学 2015 年硕士学位论文。

区内各普通高中学校的均衡发展，也带来了不同地区之间高中阶段教育发展模式的差异，更会危害一个省域内整体的教育生态平衡。因为类似的决策不仅可以使特定的高中获取更多的优质教育资源，更是有利的推动了地方政府愈加重视高中阶段教育发展的政绩，地方相关教育政策会随之进一步倾斜。

（二）城乡区域之间发展普通高中教育的基础性差异

办学条件的差异导致城乡区域之间高中阶段教育的二元分割。在乡村振兴战略背景下，河北省农村地区普通高中的办学条件有了明显改善，但与城市高中相比，学校教学仪器配置、校园网建立、信息化水平、计算机等数据终端台数等指标的差距仍然较大。如城镇体育器械设备达标校数的比例为79.20%，比农村67.80%高11.4个百分点；城镇音乐器械设备达标校数的比例为73.40%，比农村58.40%高15个百分点；城镇美术器械设备达标校数的比例为73.70%，比农村59.40%高14.3个百分点；城镇理科实验仪器达标校数的比例为83.20%，比农村73.70%高9.5个百分点；城镇建立校园网校数的比例为66.50%，比农村46.90%高19.6个百分点。[①] 城市高中的办学条件和教学水平不断提升，农村学校的办学条件和教学水平相对较差，农村高中本就紧缺的教育资源开始向城市高中流动，使得城乡差距逐渐拉大，形成了城乡区域之间高中阶段教育二元分割结构。城乡二元结构具有一定的历史背景，从计划经济体制的政策性倾斜到农村各类资源向城市流动，城乡二元结构在其他领域也普遍存在。城乡二元分割的社会格局使得社会发展的很多政策制度都具备向城市倾斜的性质，其中就包括向城市倾斜的教育发展政策、升学考试政策、教师招聘政策等等。这类教育政策的倾斜与城乡二元分割的社会结构不无关系，这又进一步增大了城乡办学条件的差距，加剧了城乡区域之间高中阶段教育二元分割，形成了某种意义上的恶性循环。概况而言，河北省城乡间办学条件的差距直接导致了城乡区域之间高中阶段教育的二元化结构，城乡区域间高中教育发展差距仍然明显，影响着教育资源的均

① 黄幼岩：《欠发达地区普通高中教育资源配置优化研究》，华东师范大学2008年博士学位论文。

衡配置。

经费投入因素加剧了城乡区域之间高中阶段教育发展的差异。近年来，河北省教育经费总投入持续增长，根据河北省教育厅网站公布的全省教育经费执行情况统计公告显示，2017—2019 年，全省地方教育经费总投入分别为 1,593.85 亿元、1,738.96 亿元和 1992.12 亿元，比上年增长分别为 12.21%、9.10%和 14.56%。教育经费投入的增长靠的是教育政策的支持，不过以城乡之间普通高中教育经费的分配数据来看，城市地区普通高中在教育经费中仍然享受了多数，农村地区普通高中教育经费的投入力度仍然小于城市。农村地区普通高中教育经费投入不足由来已久，2002 年以前，农村基础教育经费主要依靠农民承担，农村高中阶段教育的主体责任在乡镇一级，“两个转变”实施之后，农村基础教育责任才转为主要依靠政府、“以县为主”；2005 年又将农村基础教育“全面纳入公共财政的保障范围”。农村高中办学条件如前文所述，本就与城市普通高中存在较大差距，即使在经费投入方面可以获得相对均等的待遇，但是在财政分灶吃饭的政策背景下，由于城乡经济发展和财力差距，致使农村高中获得的经费投入往往低于城市地区的普通高中，这进一步加剧了城乡区域之间普通高中教育资源配置的不均衡。

师资力量差异是城乡区域之间高中阶段教育发展失衡的最突出表现。教师队伍建设决定着教育教学质量的有效提升，河北省城乡区域之间高中阶段师资力量不均衡较为突出，城市地区高中教师在工作条件、工资水平、晋升空间等方面明显优于农村地区高中教师。根据调查数据显示，乡村教师晋升初、中、高级职称花费年限分别为 5.93 年、9.22 年、10.28 年，显著高于城镇教师的 5.66 年、9.07 年、9.67 年。[①] 农村地区高中阶段师资力量不足主要表现为：一是教师数量不足，农村地区普通高中一方面对教师吸引力较低，师资引入困难，另一方面师资流失现象较多，留住人才不易，生师比较城市普通高中高出许多。教育部网站公布的统计数据显示，一是 2018—2020 年我国农村地区普通高中生师比分别为 13.8、13.7、13.5，远高于城市地区的

① 《中国农村教育发展报告 2019》，东北师范大学农村教育发展研究院，2019 年。

12.4、12.3、12.3。二是缺少骨干教师。优秀骨干教师流失现象严重，学科带头人大量流向城市地区，教师队伍稳定状况堪忧。三是教师学历水平偏低。农村地区教师学历与城市地区相比差距明显，高学历人才很少，教师队伍整体素质、学校教学质量均受到制约。既有调研数据显示，2017 年全国中小学专科及以上、本科及以上学历教师比例分别为 95.26%和 84.63%，其中农村为 93.80%和 81.10%，城乡差距分别为 4.60 和 10.30 个百分点。[①] 四是学科结构不全。很多学科诸如信息技术、心理健康等缺少专业教师，现有教师跨学科兼任现象较多，严重影响教学活动。这些表现的背后是城乡之间高中教师资源配置的严重失衡，所以均衡有效的在城乡之间配置以师资为主的各种教育资源，特别是通过向农村地区的高中进行政策性倾斜，尽快填平城乡区域间师资力量的落差，才能营造出城乡高中阶段教育均衡发展的新局面。

三、优质生源的单向跨区域流动显著加剧了普通高中教育资源配置的失衡

传统观点普遍认为教育资源最主要的是硬件的办学条件和软件的师资力量，却忽略了优质生源恰恰是最重要的教育资源，是办学条件和师资力量等教育资源发挥优势的前提和基础。优质生源的流动是高中阶段教育资源配置重要的一环，目前河北省普通高中优质生源的配置模式已经不是过去区域间相对固化的“县中模式”了。资本力量的介入使得优质生源的流动更加频繁，加之“双一流”等名校在河北省的招生名额有限，致使普通高中在优质生源引入方面竞争十分激烈，最终形成了优质生源日益向优质教育资源丰富的“知名高中”和少数地区单向流动的局面。这种逆均衡的单向流动局面形成的原因及影响可以从学校、家长、政策这三个层面加以分析。

（一）不同高中在优质生源引入方面境况迥异

生源是学校的命脉，优质生源能够保证升学率，提升学校知名度，因此各个学校都对优质生源分配十分重视。虽然目前已没有所谓重点高中政策，

---

① 《中国农村教育发展报告 2019》，东北师范大学农村教育发展研究院，2019 年。

但学校之间的差距事实存在，抽象的社会声誉等因素仍然对生源配置影响很大。一方面，示范性高中等享有较高社会声誉的高中更能够吸引优质生源流入，甚至一些学校仍然具备特殊招生政策，“掐尖”录取优质生源或者采取各种奖励性措施争夺高分生源，使得优质生源过分集中到少数名校。另一方面，那些办学实力薄弱的高中优质生源引入就变得更加困难，不少县级示范性高中优质生源流失严重，导致教学成绩多年无法提升，社会信任度持续降低，在这种恶性循环中不得不面临生存危机。根据东北师范大学课题组的调查显示，在生源流失最为严重的一个乡中学，入学时有 254 人，到毕业时只剩下 68 人，[①] 生源流失率高达 73.22%。除此之外，地方政府对这样的生源配置现状往往拿不出行之有效的干预措施，或者在政绩观、利益链影响下默认这种配置模式存在，最终导致少数“超级中学”垄断了绝大多数优质生源，进而在实质上形成和固化了河北省普通高中教育资源配置失衡的状态。

（二）家长在从众心态下对择校入学高度重视

在望子成龙、望女成凤的心态驱使下，公众对优质高中教育资源的需求日益增长。从我国“985”“211”院校的分布情况就可知一二：北京 26 所占据榜首、江苏 11 所、上海 10 所……河北仅有 2 所，在这种情况下，高等教育资源薄弱地区的学子与家长就会奋力上游，不惜一切读好高中，考取高分，争得名校。[②] 再从一个理性家长的角度看，在经济条件允许的情况下，为了子女的未来，自然会优先选择那些社会普遍认同度高、历年高考录取率领先和社会声誉好的优质高中，并且在当前的高考制度下，部分“名校”确实能够有效提升学生成绩、助力考入理想高校。胡咏梅、卢珂和薛海平（2008）在对北京市中小学进行调查后得出，“择校后学生的学习成绩都会获得一定程度的提高，择校后各方多数也都是受益的。”[③] 在重视优质教育和从众心理的双

① 黄幼岩：《欠发达地区普通高中教育资源配置优化研究》，华东师范大学 2008 年博士学位论文。

② 崔梦恬：《多维视野下的“超级中学”现象解析》，河南师范大学 2017 年硕士学位论文。

③ 胡咏梅、卢珂、薛海平：《中小学择校问题的实证研究——基于北京市中小学的调查》，《教育学报》，2008 年第 2 期，第 74—78 页。

重作用下，优秀生源往往扎推聚集在少数几个“老牌名校”，优质教育资源相对薄弱的高中则“无人问津”，如此循环，优质生源越来越向拥有优质教育资源的名校聚拢，如同社会阶层分化一般，学校层次也出现明显分化。“‘教育是否均衡，家长、学生心中有一个尺度。’中国教育科学研究院研究员储朝晖表示，‘如果他们认为没有均衡或者学校之间仍有较大的差别，就还会进行择校。’”① 在高中教育资源配置进一步失衡的背景下，家长“择校热”愈演愈烈，不同社会阶层对优质高中教育资源的争夺几近白热化。

（三）现有政策漏洞被成熟的规避体系所利用

现有的限制跨区招生、规范招生行为等政策主要是针对公办普通高中制定的，对于民办高中的限制很少，一些名校就利用这一政策漏洞制定了系统的规避策略。通过归纳可以分为三个梯度：一是优质生源争夺提前化。在“超级中学”体系内投资建设对口升学的初中，将优质生源的争夺提前到初中阶段。这样一方面在初中阶段重点培养优质高中生源储备，另一方面从外校争取成绩优异的初中插班生，将其作为优质生源直升到本校高中。二是在初高中升学阶段设置严密的招生网络。一方面通过自行组织考试、秘密签署协议等形式，提前锁定一批成绩优秀的生源；另一方面通过联系初中学校或私人关系提前掌握优质生源信息，采取承诺免学费、奖学金、进入重点班等激励条件说服其加入。三是以“公办名校办民校”的方式摆脱针对公办高中跨区域招生的各类限制。借助资本的力量，采用公私合办、冠名、托管等方式，以民办高中为实体，但以所谓名校的名义进行宣传和招生，实则公办民办一套班子、模式相同。如衡水中学与民办滏阳中学、衡水第一中学，衡水第二中学与民办衡水志臻中学，衡水第十四中学与民办衡水阳光中学，衡水武邑中学与民办武邑宏达中学等。② 被舆论热炒的 2016 年衡水中学上榜清华、北

---

① 周丽：《“精准打击”之下，“择校热”仍须从根上求解》，《教育家》，2020 年第 25 期，第 11—13 页。

② 参见杨东平、王帅《从“衡中模式”看基础教育治理的困境与出路》，《清华大学教育研究》，2018 年第 4 期，第 87—93 页。

大139人，其中只有23人是真正来自衡水中学本部的。① 不难发现，在资本的参与和运作下，以“超级中学”为代表的名校已经形成了一套相对完整、层次分明的跨区域招生限制政策规避体系，已经形成了某种意义上资本与政府的合谋。

总体来看，优质生源分配失衡导致了河北普通高中阶段教育资源配置的“马太效应”。个别优质教育资源集中的学校通过社会认可度或招生特权吸纳优质生源，加之完善的办学条件和师资优势能够在教学质量上保持领先，升学率自然更高，进而吸引更多的优质生源、收取更高额的择校费。随后继续提升办学条件和师资水平，吸引优质教育资源不断流入，学校规模和影响力进一步提高，如此循环往复。其他优质教育资源薄弱的学校很难争取到优质生源，择校收入少、办学条件差、师资力量弱、教学质量低，升学率很难保证，社会认可度更是无从提升，进而对优质生源的吸引力越来越低，优质教育资源的流失愈发不可控制。所以笔者认为，优质生源的配置因素能够对高中教育资源配置的均衡性起到重大影响，优质高中生源分配的失衡必然导致优质高中教育资源在各高中之间配置的失衡，进而引发“马太效应”，使得校际实力差距越拉越大，最终对河北省普通高中教育资源均衡配置造成了严重影响。

四、市场力量介入引发了配置效率改善和公平性降低的双重效应

十八届三中全会明确了市场在资源配置中起决定性作用，市场配置资源主要通过价格、供求、竞争等来实现，市场机制的竞争性、开放性能够促进资源优化配置，但其也存在盲目性、滞后性等缺陷。客观而言，河北省高中教育阶段市场化力量的介入提高了普通高中教育资源的配置效率，但与此同时却降低了配置的公平性，导致部分普通高中办学规模过度扩展，学校间的发展差距加大，进一步破坏了省内普通高中教育的均衡发展。概括来说，市

① 胡珉琦：《衡水中学：被忽略的真相》，http://news.Sciencenet.cn/htmlnews/2017/4/374132.shtm(2017-4-21)。

场化力量介入对河北省普通高中教育资源均衡配置的双重影响主要体现在供给增加、效率提升、办学规模扩张和引发过度竞争四个方面。

（一）市场力量改善了普通高中阶段教育资源供给和配置效率

一方面，市场力量介入普通高中阶段教育就是把市场化因素引入高中办学，由非政府主体参与原本由政府完全负责的事项，承担一部分政府转移出来的责任，其核心内涵是社会资本参与普通高中办学，并按照市场规则谋求自身的经济收益。根据调查数据显示，2009—2019年间，河北省民办普通高中学校数从95所增长至242所、招生数从3.7万人增长至16.6万人、在校生数从11.3万人增长至39.6万人，增幅分别为154.7%、348.6%和250.4%。① 这表明，随着相关政策的放开，市场化力量积极介入普通高中教育发展，社会资本持续流入河北省普通高中教育领域，这在相当程度上弥补了普通高中教育资源供给不足的问题，并整体性改善了河北省普通高中的办学条件。

另一方面，市场力量介入有助于提高普通高中教育资源的配置效率。政府可以合理引入市场化的原理和方法发展普遍高中教育，这不仅可以有效弥补教育资源不足和配置效率低下的问题，还可以显著提升普通高中在办学上的自主权和主动性。同时能够更好地激发教育资源在配置过程中的活力，进而大幅提高既有普通高中教育资源的利用效率。由于随着竞争机制的引入，普通高中本身成为市场的主体，尤其是民办高中拥有高度的灵活性和自我决策的权利，开始基于市场需求不断探索和尝试适合自身发展的模式，让现有的教学资源发挥最大效用，并力争通过办学质量的提升以获取更多的教育资源和实际收益，进一步保障了普通高中阶段教育资源配置的有效性。

（二）盲目的规模扩张和对利润的过度追求打破了原有的发展平衡

社会资本介入高中教育发展后，对超额利润的追求推动了办学规模的持续扩张，但随着各种资源要素的集聚，明显加剧了河北省普通高中发展的非均衡态势。21世纪初，在政府财政对普通高中教育投入压缩的情况下，河北

---

① 据河北省教育事业统计提要整理计算得出。

省个别县（市）甚至不给所属普通高中任何经费投入，造成一些普通高中特别是农村高中负债严重，① 学校开始不断通过市场方式寻求社会资金介入，通过转变办学方式谋求生存。衡水中学就是依靠社会资本填补所需资金缺口的典型案例，在地方财政投入不足，学校经费严重紧张的情况下，起初衡水中学是通过银行贷款方式弥补资金需求，再通过扩大招生规模收取学费偿还贷款的。2013 年是一个转折点，衡水中学与衡水当地企业河北泰华锦业房地产开发有限公司共同投资创办了衡水第一中学，开启了通过民办学校筹措办学资金的新阶段。之后，依靠市场化手段摆脱了经费困境的“衡中集团”在利益最大化的驱使下通过扩大办学规模、招生规模、班容量等方式大量招生。同时提高择校费、赞助费等获取大量资金，用于继续扩大建校规模、吸引优秀教师等提高教学质量、维持高升学率，将普通高中教育作为投资与回报的产业来经营。正是因为社会资本介入过度的逐利行为推动了巨型学校的形成和发展，② 而个别学校过度的规模扩张打破了河北省普通高中教育发展的平衡，严重影响了高中教育资源的均衡配置。

从政府角度来看，以市场化为由放松管制，从根本上违背了教育公平原则。一方面，在狭隘的政绩观与现实利益的驱动交织下默许优质教育资源向少数高中名校集中，忽视了教育整体的公平性。超级中学现象既是学校主动利用市场化手段逐利的结果，更是地方政府放松管制的原因。因为此类学校吸收社会资本，地方政府在教育经费支出较少的基础上，还可以在择校费、赞助费等方面获得部分收入，甚至学校周边的房地产、商业活动等因素还能带来财政收入。同时，教育政绩观使得政府在教育资源配置方面积极对个别高中采取倾斜政策，这样可以利用更少的资源，彰显更大的政绩。所以近年来大量出现的“巨型学校”“超大规模学校”均与利益机制驱使下的政府推

---

① 参见张珊珊、汪明《经费保障内涵提升规范办学寻求突破：普通高中发展亟待解决三大问题》，《中小学管理》，2015 年第 3 期，第 18—20 页。

② 参见冷风《巨型学校的隐忧》，《成功（教育）》，2007 年第 4 期，第 20—21 页。

动、名校谋利有关,[1] 有违高中阶段教育资源配置的公平性。另一方面，使得不同阶层家庭背景的学生接受优质教育的机会不均等。在政府对高中阶段教育经费投入不足，公众对教育投入能力增强的背景下，市场化因素发挥的作用越来越大。择校费、赞助费等费用实际上是将教育经费的负担由政府转嫁给了社会和家庭，对于很大一部分经济条件一般、无法负担高额学费的家庭来说，进入名校接受优质高中教育的机会大大降低，造成了不同家庭背景的学生享受优质高中教育资源的机会更加不均等。从社会学角度看，寒门学子通过刻苦读书改变命运的通道变窄，实际上意味着社会阶层流动的固化、社会活力的降低。所以地方政府的放任不仅在一定程度上造成了普通高中教育资源的配置失衡，也损害了部分学校和学生本应享有的权益，更是给整个社会的健康发展造成了负面影响。

（三）市场机制失灵引发了非理性的过度竞争

高中阶段教育虽然通过市场化因素可以提高资源配置效率，但市场机制本身存在滞后性等缺陷，如果不及时采取干预措施任其竞争，则会出现一系列破坏高中阶段教育良性发展的现象。学校为提高知名度而片面追求升学率，同时更新校园条件，以此来吸引生源，增强学校实力，随着学校间竞争日益激烈，良性竞争逐渐演变成了资本的较量：例如为了吸引和留住优秀教师资源，衡水中学在大幅提高薪酬的基础上采取了完善教师生活区配置、组织教师培训、评优评先授奖等激励措施。这些举措无疑需要大量的资金作为支撑，而在财政投入有限的前提下，上述资金来源只能是通过大规模招生、高额学费、开民办学校等产业化运作的方式来加以筹措，这无形中加剧了学校间围绕优质教育资源争夺的资本投入竞争。在缺乏政府干预的情况下，学校间资本的较量极易转化成恶性竞争，可能会出现诋毁、攻击等非正当竞争现象，或者违规招生、违规办学等投机行为，甚至滋生和助长腐败。可见，高中的市场化发展需要适时干预，让学校之间回到良性竞争的轨道上来，否则在利

---

① 参见姚继军、陈婷婷《超大规模学校的问题分析与改革出路》,《人民教育》，2014 年第 4 期，第 30—33 页。

益的驱使下，市场机制就会失灵。在过度竞争下导致高中阶段优质教育资源以非理性的方式向少数学校聚集，不仅会显著拉大学校间的发展差距，还会演化成某种意义上个别高中对优质高校入学机会的垄断，市场化力量因素反而转化成了河北省普通高中教育资源均衡配置的阻碍。

第六章　河北省普通高中教育资源均衡配置水平的路径选择

21世纪教育行业的主要矛盾是：人们对更加公平、更高质量教育发展的需求与区域教育发展不平衡、教育资源配置不均衡之间的矛盾。本书在分析论证的基础上提出，要充分借鉴相关理论经验，从优化存量、培育增量、公平效率兼顾等角度构建河北省普通高中教育资源均衡配置的实现路径，进而提升河北省普通高中教育资源均衡配置水平。

一、提升教育资源均衡配置水平的理论借鉴

（一）空间均衡化是实现普通高中教育资源均衡配置的基础

教育资源空间均衡化是指通过合理配置各类教育资源实现教育资源数量、质量和地域上的均衡，是实现教育资源均衡配置的基础，大致可分为三个阶段：教育资源均衡数量阶段、教育资源均衡质量阶段、均量与均质前提下的空间均衡阶段。其中教育资源均量阶段是指教育基础设施的数量保证阶段，其目标是指在地域范围内实现最低要求的基础教育设施全覆盖。教育资源均质阶段是在资源均量基础上实现教育设施与人口流动变化相一致，并通过空间布局的调整和优化来实现基础教育设施空间布局的总体均衡。均量与均质前提下的空间均衡阶段是教育资源均等化的高水平阶段，它不仅体现在空间布局的均衡上，也体现在诸如优质师资、经费投入等资源空间的合理配置与统筹上。河北省在实现教育资源均衡配置的过程中可借鉴这三个阶段的理论指导，从教育资源数量、质量和空间均衡方面入手，合理配置各类教育资源，逐步提升河北省普通高中教育资源的配置效率。如许浩（2019）以湖北省武

汉市为例，在了解其教育资源时空分布规律的基础上，通过教育资源均衡性测度分析，从指导思路、基本原则、发展目标和优化途径四个方面提出了教育资源空间供需优化的思路①，有效促进了湖北省教育资源的高效使用和均衡发展，并对河北省的教育资源均衡配置具有一定的借鉴意义。

（二）混合配置模式是普通高中教育资源均衡配置的可靠选择

目前学术界主要将教育资源配置的模式划分为三类：完全市场配置模式、完全计划配置模式和混合配置模式。根据教育产品的性质来讲，义务教育不包括普通高中教育，因此普通高中教育属于准公共物品，具有公共产品、私人产品两重性质，应当采取混合型教育配置模式。从资源经费的角度来看，政府直接配置高中教育资源可以节省市场配置的费用，但是这样就剥夺了学生、家长和学校对教育发展提出建议和要求的权利。政府在对学校招生计划、课程设置、教学管理等方面做出了具体规定。在教育资源配置过程中不能依靠单一的资源配置方式，要有限度地引入市场配置方式，计划与市场相结合的混合配置模式才是高中教育资源均衡配置的可靠选择。这样的配置方式同样适用于河北省，在宏观上以政府调控为主，微观上以市场配置为辅，采用计划与市场相结合的配置模式将对河北省普通高中教育资源的均衡配置具有积极意义。

（三）统一标准、分级配置与直通到校相组合的配置机制将是普通高中教育资源均衡配置的有益尝试

地区之间、学校之间的资源需求共性与个性并存，区域内的资源配置要达到一定的配置标准，就要允许适度差异的存在。基于统一标准的配置、不同行政区域分级的配置与直通到校的配置三种方式，都有其特定的适用领域。统一教育资源配置是指给所有普通高中配备较为一致和统一的办学条件，保证学生在相同的教学环境下，接收到较为一致和公平的教育，不存在教育资源的等级和好坏之分，其目的是达到教育均衡化。分级配置有助于应对标准

① 参见许浩《武汉市基础教育资源配置与空间供需均衡性研究》，华中师范大学 2019 年博士学位论文。

之下的区域差异，为地区二次配置和增量配置提供一定的空间。直通配置则是针对具体学校而言的。对于一些特殊学校，可以采用直通式的资源配置方式，使教育资源可以直接到达最终受益的学校，这样做不仅可以简化教育资源配置的过程，缩短时间，更有利于实现资源的高效配置。① 统一标准、分级配置与直通到校相结合的配置机制基本符合河北省普通高中教育资源的现状，能够有效缓解地区间资源配置的不均衡，这本身也与河北省鼓励多元教育发展、兼顾效率与公平的发展理念相契合。

（四）“公平优先、兼顾效率”是普通高中教育资源均衡配置的首要原则

公平与效率的关系问题是一个历久弥新的话题，由于公平与效率关系的复杂性、相对性、阶级性和历史性，两者之间的关系也处在不断变化之中，学者们在各个时代都有对于公平与效率关系的讨论。随着时代的发展，公平与效率的关系问题已不再单纯局限于经济领域，开始逐步涉及政治领域和社会领域。普通高中教育问题关系到国计民生，必须要处理好公平与效率的关系。在当代中国，发展普通高中教育必须坚持“公平优先，兼顾效率”的原则。一方面，基于普通高中教育的公益属性，“公平优先”原则必须被倡导，这就要求各级政府在教育资源配置过程中注重区域之间、城乡之间、校际之间、阶层之间普通高中教育资源的公平配置。另一方面，坚持“兼顾效率”原则是为了更好地促进公平价值与优质办学的结合，是在公平性基础上的效率提升，其重点在于促进个别地区或学校教育水平的提升，以先进带后进，从而实现河北省普通高中教育资源配置效率的整体提升。

（五）谨防“马太效应”是普通高中教育资源均衡配置的重要遵循

所谓“马太效应”是指任何个体、群体或地区，在某一个方面（如金钱、名誉、地位等）获得成功和进步就会产生一种积累优势，就会有更多的机会取得更大的成功和进步，即强者愈强，弱者愈弱。该理论被广泛应用于经济学、社会心理学、教育学、金融学等领域。从当前河北省实际情况来看，以

---

① 参见徐士强《新普及时代普通高中资源配置的思考》，《上海教育科研》，2016年第10期，第39—42页。

衡水中学为代表的“超级中学”凭借其优越的经济资源、社会资源和声誉资源始终在教育质量和硬件建设方面不断“上台阶、上水平”，致使优质教育资源不断向其聚拢，学校综合实力越来越强。与此同时，区域内的其他普通高中由于优质生源的流失和缺乏政策性的支持导致升学率和吸引力逐年减低，有的学校甚至面临生存危机。这种情况充分说明：河北省普通高中教育领域已经形成了一定程度的“马太效应”，并呈现不断恶化的趋势。所以在解决河北省普通高中教育资源均衡配置问题的过程中，首要任务就是要从根本上、从机制上防止“马太效应”的恶性循环，通过建立有效机制保障弱势普通高中的健康发展，合理限制“超级中学”对各种优质教育资源的吸纳，让普通高中教育资源配置保持一个整体性的均衡。这就需要河北省更加客观理性的看待“超级中学”问题，秉持均衡配置的基本理念，进而提出切实可行的对策路径。

二、提升河北省普通高中教育资源均衡配置水平的具体路径

(一) 优化存量普通高中教育资源配置的均衡性

提升河北省普通高中教育资源均衡配置水平是一项复杂的工程，需要整体规划，统筹协调，分阶段按计划进行。第一步就是在当前存量配置的基础上，进一步优化存量配置的均衡性，营造良好的均衡配置环境，合理实现普通高中教育资源均衡配置水平的稳步提升。具体措施有：

第一，走资源共享之路。教育资源共享在很大程度上提升了教育资源的使用效率，同时还节约了教育资源的总支出，利大于弊。这就要求当前的教育部门和学校要统一共识，不断加大资源共享力度，一要加快实现硬件资源共享。着重对图书馆纸质和电子数据资源、学校公开场地、实验室科学仪器设备等资源进行统筹安排，以相邻片区为单位，制定共享机制，实现相应资源的合作共享。二要改进现有的教学和学习方式。利用信息技术搭建智能化教学平台，实施线上线下互动融合式教学。上传名校名师的课程资源，同时增加辅助教学方法以及其他方面的教学功能，将名师课程在不同地区、不同学校之间相互传播，实现优秀教学资源全省共享，让各地学生在更大程度上

享受教育资源共享带来的最大利益。学校之间要找到最合适的利益契合点，这就需要教育管理者要付出更多的努力去寻找这个契合点，让学校之间在良性竞争下进行资源共享，最终达到双赢的目的。同时注重对学生德智体美各方面的教育培训，以培养全面发展的人才为目标，不断提升教学质量。

第二，调整普通高中学校基础设施建设结构。所谓基础设施结构主要指学校各基础设施之间及各基础设施内部的关系。河北省普通高中学校基础设施建设费用虽有部分财政保障，但也是有限的，一方的基础设施建设经费增加，另一方的就会相应减少，经费应用的多少自然也会产生不同的效果。为保障现有存量的均衡性，需要财政和教育主管部门对基础设施建设进行科学合理地规划，既要合理增加数量，又要稳步提升质量。一方面建议教育主管部门成立工作小组，针对省内不同片区高中学校的现有基础设施进行普查总结。从教学环境、食宿环境等方面出发，邀请相应专家制定评估细则，对各学校基础设施的综合效益进行打分，采用定性定量相结合的方法准确评估各学校的基础设施使用情况，形成合理调整学校基础设施建设结构的参考。另一方面，根据评估结果，在保障各学校特色的基础上合理调整全省普通高中学校基础设施建设结构。适当增加对弱势高中、落后地区高中教学环境的改造，进一步增加及改善图书资料、自习室及食宿环境等方面，逐步减少不必要的形象工程，这样有助于为普通高中办学质量的提升提供良好条件。

第三，平衡普通高中教师数量和质量。师资力量不平衡是当前河北省基础教育资源配置不平衡的主要体现，教育主管部门应在存量均衡配置中合理配置教师资源的分布，保证不同学校之间整体的师资水平处于一个平衡点，确保河北省普通高中教育资源分配的合理化。一是建议教育行政部门制定师资均衡配置的指导方案，从编制管理、教师流动、教学方式等方面做出调整，平衡河北省普通高中教师的数量和质量。如引导临时性教师和富余学科的教师向教育资源短缺的学校发展，以保证教育资源实现最大化的利用；加强编制动态管理，针对教师结构性缺编的情况做出相应调整，做到教育资源动态流动，核定编制标准，确定相应教师数量，对于在编不在岗的教师做出清除，进一步优化人力资源的发展环境。二是加强对教师资源的引进和培养。创新招聘优秀教师的方式方法，对于教师招聘的考量因素不能仅仅局限于一个方面，对于多种学科都有涉猎的教师优先录取，形成稳定长效的招聘机制，从而不断扩大河北省普通高中优秀师资队伍。三是加大对薄弱地区普通高中教师资源的支持力度。采用先进带后进的方式，按照片区进行划分，建立由先进高中带薄弱高中的传帮带机制，在教师资源培训引进和资源流动方面做出指导，建立返聘退休优秀教师、优秀师资转岗或轮岗的相应机制，引导优质教育资源向薄弱学校倾斜。

(二) 加大增量普通高中教育资源布局和分配的倾向性

所谓“增量资源”，一般来自经济学术语，是指可供增配的资源以及对存量资源盘活后形成的可供支配的资源。此处所指的增量普通高中教育资源既包含现有普通高中教育资源基础上的整合再利用资源，又包含新投入、开发、分配的普通高中教育资源。把握好增量高中资源的布局和分配，既是对存量高中资源的进一步开发和利用，也是提高资源均衡分配效率的重要手段。总体而言，增量普通高中教育资源与存量普通高中教育资源是相辅相成的关系，二者需互相促进、协调发力，才能促进地区普通高中教育资源的均衡发展。进入“十四五”时期，在加大增量高中教育资源布局和分配的倾向性时，要特别注意以下几点：

第一，注重优化学校布局。做到普通高中教育资源配置与“十四五”规划适应、与乡村振兴战略配套、与城镇发展方向一致。一是科学制定布局规划，分步骤按阶段落实。教育主管部门应在充分调研现有高中学校布局情况的基础上，邀请相关专家制定有关进一步优化高中学校布局的规划方案，要注重重点与非重点、城乡之间学校的规划，适当引入和增加民办高中数量；各地根据规划制定适合该地区发展的实施方案，要与地区教育事业发展相结合，要与乡村振兴战略相结合，要与寄宿制学校建设、校舍安全工程建设等项目相结合；鼓励举办一贯制学校，灵活分配、调整教育资源。二是合理安排高中学校的增、撤、并。要以集中办学为方向，宜并则并，需增则增，应迁则迁，撤建并举，综合考虑调整的必要性、可行性，合理确定高中学校的布局、数量和规模。如将办学规模小、质量低、效益差、危房率高的学校作为首要撤并对象，将不知名学校变成名校的分校，弱校并入强校，对不具备撤并条件的学校不强行撤并等，实现普通高中学校布局的最优化。

第二，注重整合教育资源。一是加快优化教师资源。聚焦增量，激活存量，要立足当前现有普通高中教师资源，定期开展教师培训和进修活动，畅通教师再学习的渠道，完善考核制度，注重对教师教学水平、学科背景等多角度的考量，不断提高教师整体素质；着力培养一批名校长、名教师，打造一流干部队伍、教师队伍，努力形成教育家办学的良好氛围，切实打造出河北省教育特色品牌。二是改善办学条件。应对过剩办学场地、校舍和教学设备等教育资源进行改造再利用；新建或合并的学校要按照国家规定的办学标准逐步配齐配足教育设施设备，达到“八有”的条件：整洁的校园、标准运动场、现代教育设备、卫生的食堂、冲水厕所、安全的宿舍、足额的床位以及卫生的饮用水。三是加大智慧校园建设。随着信息技术的快速发展，人们工作生活发生了翻天覆地的变化，高中学校建设也应充分利用信息技术满足学生和老师的信息需求。通过与联通、电信等运营商开展合作，实现无线网络的全覆盖；构建强大的数据支撑系统，采用场景化、沉浸式、游戏型、互动式的创新教学方式，为相应学科的学生提供便利高效的学习氛围和实验空间，从而不断完善学校的学习和教育环境。

第三，注重提升教育质量。一是协同推进教育综合改革。不断推动普通高中教育方式、教学模式、教育管理体制与时俱进，推进普通高中教育“传授已知、更新旧知、开掘新知、探索未知”在更高层次上行稳致远。这里可以借鉴国外普通高中教育改革的先进经验，建立综合类型的高中，高中一年级时学习基础知识；二年级时增加就业升学指导老师，让每一位学生的个性化得到充分发展，这样不至于到了高中三年级的分流而手足无措；三年级时学生可以填写班级分配的志愿，思考自己适合学术型还是应用型。① 二是创新管理体制。一方面，开展特色高中建设，弱化普通高中的分层发展模式，加

① 参见李醒东、崔梦恬《社会学视阈中的“超级中学”现象解析》，《教育科学》，2016 年第 5 期，第 26—30 页。

强分类发展趋势。在多样化进程中，给予普通高中更多的办学自主权，让学校自行选择最适宜自身的发展特色，保证“特色”来源于学校教育教学实践，防止演变成任务性指标；① 建立科学合理的特色学校晋升机制，激发特色高中的可持续发展动力。另一方面，形成协同育人机制。通过整体育人思想，在政府、学校、社会、家庭之间搭建互动交流平台，同时发展教育生态建设，及时弥补资源短板，构建更加丰富多样的普通高中教育生态。

（三）提高教育政策的公平性

一是提高教育政策制定过程的公平性。教育政策关系到教育资源分配的方方面面，涉及各级各类学校的财政预算、经费投入、项目建设等重大问题，教育政策的公平与否会直接或间接的影响地区、城乡和学校之间的发展差异。因此，作为教育政策的制定者，首先应树立正确的教育观和政绩观，要以实现地区教育公平发展为基本准绳，兼顾公平与效率，实现地区间普通高中教育资源的合理配置。此外，要明确教育政策的公平性标准。在经过多方调研、论证、审议的基础上，制定合理的公平性标准，严格按照公平性原则出台相关政策，避免依据主观判断和意愿将财政等各类教育资源进行不合理分配；制定合适的教育政策，使教育资源配置更加公平，以及教育生态环境更加稳定。

二是提高教育政策实质内容的公平性。近年来，河北省已经陆续出台多项教育政策，有效保证了教育事业的健康发展。仅 2021 年河北省就发布了 60 余项新政策，事关教育基础设施、教学质量、师资建设等多项内容。如 2021 年 7 月，河北省教育厅等七部门印发了《河北省高职扩招专项工作实施方案》，该文件指出要在综合考虑生源、办学条件、经济支撑等因素的基础上实现面向退役军人、企业员工、下岗工人、农民工、灵活就业人员、高素质农民、基层农技人员、在岗幼儿园教师、基层卫生专业技术人员的招生计划，②

① 马思腾：《整体推进普通高中教育公平发展的策略组合》，《人民教育》，2020 年第 21 期，第 43—45 页。

② 《河北高职扩招鼓励联合考试减轻考生负担》，http://hebei.hebnews.cn/2021-07/13/content_8571040.htm(2021-9-18)。

这在一定程度上体现了政策的公平性。但事实上，当前阶段影响教育资源配置不平衡的重要因素就包括“超级中学”的资源膨胀和贫困地区的资源缺乏，这就需要政府和教育主管部门在现有教育政策的基础上，立足当前经济社会发展的现实情况，出台针对“超级中学”和弱势地区的倾斜性政策措施，适当控制超级中学和扶持弱势地区，如严格规范招生政策、规范秩序和收费管理等，从而实现教育政策内容的不断完善。

三是提高教育政策执行效果的公平。如何将政策有效性发挥出来，真正落地见效才是实现教育政策公平性的关键。一方面，政府要加强对教育领域违规行为的监管。遵循教育的客观规律，所以一切教育活动都要在法律法规允许的范围内进行，实现均衡教育的责任，对于“超级中学”的现象要极力遏制和妥善处理，促进普通高中教育向着公平性发展。另一方面，让社会参与进来。建立社会广大群众评价和监督的系统，及时了解群众诉求，适当公开普通高中，特别是“超级中学”的招生信息、学生属地等资料，作为群众监督学校规范招生和资源布局的重要依据。另外，要完善考评机制。除学校自查外，要加大政府考评力度或引入第三方考评机制，扩大考评的内容和范围，在具体的评估标准中逐步取消等级学校，淡化窗口学校、示范学校的意识，进一步实现教育政策公平性的落地见效。

（四）兼顾教育资源配置中的公平与效率

教育资源配置均衡和效率问题的正确处理是提升普通高中教育公平性的有力保障。一直以来，“公平优先，兼顾效率”是基础教育实行公平配置的根本性原则。这里公平与效率兼顾并非指单纯的数量或资源上的绝对公平，而是每个地区之间在得到最基本的经济和教育发展的情况下，最大化实现基础设施、经费、师资等教育资源的均衡配置。同时培育增量资源，为提升效率制定资源倾斜等政策措施，通过政府与市场的混合配置，促进当地整体教育资源均衡、健康、高质量的发展。

兼顾地区发展之间的公平和效率，必须适当扶持弱势区域的教育发展。相对于经济发展较好的省份来说，落后地区的先天禀赋条件、财政状况会对该地区学生的家庭背景、求学动机等产生影响，导致他们对教育资源配置的公平和效率要求非常强烈，效率与公平的兼顾显得尤为重要。特别是当两者产生矛盾时，必须在二者之间找到一个平衡点，确保教育资源总量的增值。这就要求政府在宏观层面上，充分考虑落后地区的资源配置条件，在确保基本教育保障的前提下，适当向弱势群体、薄弱学校给予资源倾斜，这不仅不会违反公平性原则，反而有利于在公平的基础上提升效率；在微观层面上，应充分发挥市场的调配作用，适当减少政府对基层学校的干预，鼓励改革创新，大胆放开搞活，实现教育资源的高效率配置。

兼顾学校之间的公平和效率，必须鼓励发展多元化、特色化的普通高中教育。兼顾公平和效率，既要体现在普通高中教育资源在不同地区之间的均衡分配上，更要体现在不同学校之间的均衡配置上。因为现阶段学校间发展存在明显差距，师资力量和教育质量有强弱之分，以衡水中学为代表的少数“超级中学”在优秀生源获取和高考升学率上均有较大优势，吸取了大量的教育资源。从一个省域整体视角看，这在相当程度上违反了教育公平原则，不利于河北省普通高中教育的健康发展。为了扭转这种局面，一方面，要在普通高中教育阶段增加多元化和有特色的教学课程，在教学课程上以期达到促进学生全面发展的状态。例如可以鼓励建立民办学校，民办学校和普通高中学校共同发展，各自发挥长处、特色，这样学生可以选择适合自己个性或者综合发展的学校进行学习。另一方面，构建多层次学校的发展格局。虽然我国高中教育已经实现了普及，但普及不代表一味相同，不代表质量的降低。教育应是分层次的，是满足不同需求程度和发展方向的教育，如针对“超级中学”，在适当限制其规模的前提下，可以考虑以培养高精尖学术人才为方向，向精英化方向发展，杜绝以升学率为唯一目标的办学理念；对于职业类高中，要以培养社会各类应用型人才为主，向实用性方向发展，总之要通过划分不同层次高中的职责与功能，鼓励不同学校培养不同的人才，从而实现学校之间公平和效率的提升。

（五）紧盯优质生源分配这个关键点

不同地区之间普通高中生源的分配是影响教育均衡的一个重要因素，更多优质生源的流入和过度集中直接决定了普通高中学校的发展实力。要实现河北省普通高中教育资源的均衡配置就必须牢牢把握住优质生源分配这个关键点。

一是要合理划定各高中学校的招生区域。鉴于普通高中教育和义务教育阶段的差异，普通高中的招生范围划定不能简单的效仿中小学采用的划片模式，而是应在保障所在地入学需要的前提下，在地市级行政区域内适当扩大招生范围。这个范围可以是临近的若干县（市、区），也可以是整个地级市的行政区域，应当在一定条件约束下允许跨县域招生。但这种招生政策必须按照公办和民办同等对待的原则执行，坚决禁止普通高中跨地市的招生行为，这样既可以满足不同学生对理想高中的多样化需求，也可以让同一个地级市范围内的普通高中形成竞争机制，以推动这个区域内整体教学质量的提升。更为关键的是还可以控制资本在普通高中教育阶段的无序扩张，保证一个省域范围普通高中教育资源配置的整体均衡。

二是要更均衡的分配招生指标。在招生片区划定的基础上，可以将普通高中指标平均分配到片区各个初中，通过更加平均分配的方式实现各区域内教育资源的均衡配置。如山西省晋中市、河南省新郑市开展的“优质高中到校指标”和“高中均分生源”招生办法，有效遏制了优质生源大幅流向“超级中学”的趋势，进一步改革了高中招生制度，实现了地区高中教育资源的均衡发展。另外，要完善考评机制，丰富和细化考评标准。如采用一年多考，取最高分的评价方法，或增加素质、能力等选拔机制，不再单纯的将一次考试成绩作为评价生源的主要方式。

三是要构建全流程监管机制。遵循阳光招录的原则，对提前招生、“利诱”招生、跨市域招生等违规行为加大监管和处理力度，同时运用信息化手段坚决防止学生在普通高中就读中出现人档分离、跨区借读等违规现象，全面提升招生、就读和高考等高中教育各环节的公平性。当前需引起特别关注的是，随着各种限制普通高中阶段掐尖政策的实施，在资本介入下一些“超级中学”已经通过设立初中教育来提前进行跨区域“掐尖”招生了，并提出了“办大初中教育规模”的策略，以规避针对普通高中阶段愈加严厉的招生限制。所以我们要构建更为严格的均衡配置优质高中生源的全流程监管体系，必须将监管和限制措施有针对性的向初中阶段延伸，强化对初中阶段招生和转学政策的限制，在更长链条上保障优质生源区域间配置的均衡和公平。

三、提升河北省普通高中教育资源均衡配置水平的政策建议

2021年河北省委省政府对高中教育事业发展明确了“多样化和有特色”的方向，这就需要政策制定者对普通高中阶段教育发展模式有更深刻的理解和认知，有更大的勇气、魄力和创新精神，制定出具体有效的政策措施，改善当前普通高中教育资源配置的非均衡态势，提升普通高中教育资源配置的均衡水平。笔者认为，相关政策的制定应遵循问题导向，以解决导致当前普通高中教育资源配置不均衡的深层次根源为着力点，从引导优质生源合理流动、引导区域内学校公平竞争、完善教育财政体制、推进教育财政均衡投入、加大对弱势区域的支持力度、引导各类资源向弱势区域倾斜、为民办中学构建良好的政策发展环境几方面予以引导。

（一）严格规范优质生源流动，推动区域内学校公平竞争

优质生源的流向在一定程度上代表着高中教育资源的流向，为了扭转和纠正当前向少数“超级中学”聚集的非均衡态势，需制定政策调动政府、学校和家长三方力量，严格规范全省优质生源流动，推动形成省域内普通高中公平竞争的新格局。

一是制定严格系统的优质生源流动规范政策。首先，河北省教育主管部门要尽快制定规范普通高中优质生源流动的全省性文件，从全局视角对普通高中优质生源流动制定统一标准，增强相关文件的权威性，改变当前各地市各自为政、单独限制、缺乏协调的被动局面。其次，取消公办高中和民办高中的招生政策差异，重点是取消跨地市资助招生的政策，彻底堵住“超级中学”借民办高中之名异地“掐尖”的政策漏洞。再者，要大力监督各类普通高中的招生行为，通过严格的惩戒措施，防止一些普通高中通过提前签订协议、免除学费、给予奖学金、承诺班级挑选等形式进行违规招生，保障优质生源分配的公平性。最后，前移限制优质生源流动的管控节点，鉴于教育活动的连续性和一些学校规避普通高中阶段跨区域招生限制政策的应对策略，

规范优质生源流动有必要前移至小升初这个关键节点，避免优质学生资源在小升初过程中过度向特定区域集中，防止优质初中生源配置出现区域之间的失衡，从而为扭转普通高中教育资源配置失衡的状况做足政策准备。

二是引导普通高中突出办学特色。现阶段要大力引导普通高中树立正确的教育观，将培育全面发展的社会主义人才作为办学的根本遵循，减少功利主义干扰，摒弃唯分数论和利益至上的错误教育观念。建议在河北省培育一批各具特点的特色高中，以自身特色吸引优质生源加入。另外，教育主管部门应强化高中考核管理多元化的举措，降低高考升学率所占的比重，真正引导学校从教学资源、教育质量、教育观念上下功夫，坚持人人皆可成才的理念，通过办学特色和办学质量的整体性提升和认真对待每个同学的态度，来吸引优质生源自觉加入，以形成公平竞争的良好局面。

三是引导家长树立科学的培养观念。教育学领域的相关研究表明，好的学生集中在一起并不一定比分散开变得更优秀。政府和教育部门应通过媒体宣传和家长培训等方式引导家长群体提升培养孩子科学性和择校的理性，尊重孩子的个性和特长，自觉摒弃分数决定论，避免择校的盲从和过度课外辅导的投入。同时，建议政府制定鼓励生源在本地就近入学的优惠政策，以实际利益引导家长减少择校冲动，帮助家长为孩子找到真正适合其成长的高中。

（二）完善教育财政体制，推进教育财政均衡投入

中央和省级政府针对教育经费投入设置了财政转移支付和专项基金等措施，为落后地区的教育经费供给提供了保障。但当前各地教育经费投入依然是以当地财政投入为主，且资金来源相对单一，致使教育财政投入的均衡性不高。但这里所指的财政均衡投入并非各地的教育财政投入均处于同一水平，而是要使各地的财政投入水平与当地水平相适应，并且在一个很大的范围内没有出现过大的差距。为了实现这一个目标，需要从以下两点着手：

一是多元化教育投入，完善教育财政体制。一方面，各级政府应统筹规划财政收支，保障各地区的教育经费投入，并逐年合理增加对教育支出的拨款份额。另一方面，对于教育经费的投入，政府还可以运用市场化手段让更多的民间组织参与进来，可以制定财税激励政策，鼓励民营企业对教育经费

的投入，进而不断扩大经费筹集的渠道。对于不发达地区和学校经费不足等问题，政府要更加重视，可以适当划拨专款用以提高每位学生的财政经费额度，以保持省域内生均经费的大致平衡。

二是加强监督管理，确保教育经费投入总体均衡。一方面，要加强各地对教育经费投入的监管，健全责任机制，保障教育经费投入随当地经济发展持续增加。另一方面，应在市域范围内对普通高中教育经费的投入进行适当统筹，通过转移支付的方式追加财力薄弱地区高中教育的经费投入，保障区域内普通高中教育投入大体均衡。最后，在教育主管部门日常工作中，应恪守教育公平原则，在资源要素投入中保证教育资源配置的科学性、公正性和合理性，提升教育资源利用效率。同时建议通过舆论进行监督，让大众媒体关注教育资源配置均衡性的问题，避免教育资源过度集中。

（三）加大弱势区域的政策支持力度，引导各类资源向弱势区域倾斜

河北省地区间经济发展的不平衡在一定程度上导致了各地区教育发展的不平衡，其中普通高中教育发展不平衡的表现相对明显，所以必须通过差异化、倾斜性的政策给予弱势区域普通高中教育发展更多的支持。这里所说的弱势区域不仅包含某个普通高中教育发展滞后的特定地理区域，还包含城乡之间、学校之间的弱势学校。

一是加强扶持政策的制定和实施。一方面，要以提升薄弱区域普通高中教学质量为重点，探索建立专门的扶持政策，尝试省市联动，在资金、生源、基础设施建设等方面给予特殊支持。如从每个年度的资金预算中保留相应的教育费用，专门用于薄弱地区普通高中发展的扶持，解决薄弱地区普通高中或实力偏弱普通高中发展的后顾之忧。另一方面，要特别引导师资力量向薄弱区域普通高中流动。教师流动制在河北省已实行了一段时间，但是效果并不明显，其主要原因在于流动到偏远或薄弱学校的教师在薪资待遇、职称评定等方面优惠措施落实不到位，没有能够很好地调动老师自愿流动的积极性，同时很多学校也在找各种理由阻碍优秀教师派遣到其他学校任教。所以，要引导更多优秀的师资力量向薄弱区域流动就要制定更优惠的配套政策，比如在人事调动、工作年限以及评定职称等方面对流动到薄弱地区学校的老师给

予特别照顾，进而在真正意义上促进优质教师资源的流动。

二是专项提升实力薄弱普通高中的办学质量。办学质量的差距是教育资源非均衡流动的一个重要原因，优质生源给予理想考虑，必然选择向办学质量高的学校流动，所以适度缩小各普通高中的办学质量差距是均衡高中教育资源配置的治本之策之一。首先，从打破传统以升学率为唯一考核标准的观念，按照创办特色高中的理念，经过细致的调查研究，确定每所待帮扶高中的办学方向和特色，找准办学质量提升的着力点。其次，设置专项经费，制定对实力偏弱普通高中教师队伍的培训计划，特别是对每所高中薄弱科目教师的重点帮扶，为建立特色教学提供软实力支撑。再次，可尝试选派或聘任优秀校长到实力薄弱的高中任职，将先进的、合理的、科学的教学理念以及管理理念带进薄弱学校，进而推动薄弱高中办学质量的全方位提升。最后，不断完善薄弱学校的内部管理制度，通过制度上的完善充分调动老师和学生的积极性，形成教学相长、你追我赶的氛围。在日常管理中，让各项制度更人性化，更契合师生需求，更具学校特色，通过堵塞各种管理漏洞，为办学质量的提升提供制度保障。

三是持续改善弱势区域学校的办学条件。首先，学校的基础设施十分重要，所以对于薄弱学校的硬件配置要进行优化和完善，硬件条件的均等化是教育均等化最基本的环节。其次，相关部门要进一步加大对薄弱地区学校的师资投入力度，设立专项资金，在逐步善改薄弱地区办学条件的基础之上，通过提高教师工资待遇、改善生活条件、完善考核评价及职称晋升机制等措施，吸引优秀教师人才向薄弱地区和薄弱学校流动。同时。还可以根据薄弱学校的实际发展需要，由省级层面统筹协调，从优秀师范类高校毕业生中选取一定比例安排到薄弱地区的普通高中，并解决体制内的编制待遇，实质性的缩小区域间和学校间的师资实力差距。

（四）合理疏导民办高中的内外部发展环境，保障民办高中健康发展

近年来，随着我国市场化水平的不断提升，为了赢得更有利的发展空间，一些公办学校开始与社会资本合办私立高中，并以民办高中之名不断扩大规模、招揽优质生源和师资，致使公办与民办之间的界限愈加模糊。因此需要

尽快明确公办和民办学校之间的关系，明确民办高中学校在教育系统中的作用，合理限制民办高中的扩张规模，促进民办学校健康发展。

第一，明确民办高中的功能定位，提升公众对民办高中的社会认同。公办和民办是教育领域办学的两种模式，一直都是以公办学校为主，民办学校为辅的。但是随着教育事业的改革和发展，民办学校的作用越来越突出。现如今，河北省民办高中逐渐呈现出多元化、特色化的特点，为学生的不同需求提供了更多的教育和教学服务。一是强化主流媒体的宣传推广。引导各类媒体资源积极宣传民办教育的特色优势，谋划开辟专栏或系列专题，提高社会大众对民办高中的认知及民办教育的影响力，进而形成促进民办高中健康发展、增加社会认同的良好局面。二是政府出台政策对公办高中和民办高中的边界加以区分。建议教育主管部门出台相应的规章制度，明确公办教育和民办教育的边界，细化公办和民办的办学目标和招生要求；完善《中华人民共和国民办教育促进法实施条例》，进一步明确和规范民办高中的招生自主权，既能保障民办高中的合法权益，又能给公办高中和民办高中确定一个合理的边界，明确双方职责，促进教育市场的和谐稳定。

第二，整合民办高中教育资源。河北省的民办学校数量较多，质量参差不齐，需要整合民办高中的教育资源，保障民办高中健康发展。一要建立合理有序的撤消合并机制。目前，河北省民办高中多数处于规模小、办学水平不高的情况，特别是偏远地区或县乡一级的民办高中办学条件比较简陋，对于培养目标很难完成。民办学校的合并、退出或者是倒闭，其实是民办学校必经的一个阶段，同时也是民办教育资源重新配置的有效方式。二要适当控制“超级规模”的民办高中。由于资源配置的不均衡，各类民办高中的教育规模也出现了不同程度的扩张趋势，政府部门要通过控制生源流动、招生数量限制等政策手段控制民办高中的规模，避免其成为引起区域教育资源配置不均衡的诱因和推手。

第三，彰显办学特色，不断提高民办高中的办学质量。一要完善民办高中的学生培育方案。正确的培养方案是一个学校是否具有竞争力、实现教学目标以及形成教育特色的关键。各民办高中必须根据市场需求，对教学内容、方法、研究、评价系统以及管理系统不断改进和完善，让每一位老师充分发挥自身的才能，培养全面发展的学生。建议学校成立教学研究开发小组，通过教学经验、调研交流、撰写论证报告等方式，不断改进和完善教学方案，提升教学质量。二要改善师资和教学环境。相较于公办高中来说，民办高中获得的各类资源较为有限，所以建议政府部门不断加大对民办高中的政策扶持力度，畅通民办高中教师的晋升通道，适度提高民办高中开班教学和食宿环境的要求。另外，要不断加强公办高中与民办高中的交流学习，分享彼此先进的办学经验，共同建立相应的资源共享机制，通过教师轮岗等形式实现先进带后进，提升民办高中教学质量。三要加强民办学校的教学管理。民办高中要根据实际的资源投入、办学规模等情况，选择合适本校的、具有学校特色的教育模式；要重视民办高中各项规章的制定、管理队伍的建设，建立起更有竞争力的管理体制，在各项管理活动中力争做到公平、客观、公正，使员工和校方同时产生公平感；[①] 建立以政府为主体，社会组织共同参与的多元化、专业化和特色化的评估机制，强化民办高中的教学质量监管，根据得出的结果，利用一些经济或者行政上的手段和方式对教学质量好的学校给予适当鼓励，同样对于没有办法实现教学目标的学校进行整治或取缔。

---

① 参见杨琳《“超级中学”现象：基于教育均衡发展的视角》，《现代教育科学》，2013 年第 12 期，第 112—114 页。

第七章　结论与展望

一、研究结论

本研究的初衷是通过定量与定性相结合的方法，对河北省普通高中教育资源均衡配置问题进行深入探讨。通过对构建指标的实证分析和相关性分析，以及基于文献和实地调研的判断，形成了五个基本的研究结论，较好的实现了研究初衷。

第一，河北省普通高中教育资源整体配置效率偏低，区域之间配置效率差异较大，规模扩展模式无法进一步提升配置效率。

在构建普通高中教育资源配置效率评价指标体系的基础上，通过综合运用传统 DEA 模型、超效率 DEA 模型和 Malmquist 指数模型三个模型进行分析比较，我们发现：总体来看，当前河北省教育资源配置效率整体偏低，教育资源尚未得到充分利用。从区域来看，河北省各地市的普通高中教育资源配置效率差距较大，衡水与其他地区的普通高中教育资源配置效率呈现明显的两极分化状态。从发展趋势来看，2011—2019 年间，河北省普通高中教育资源配置效率整体呈上升态势，其中主要得益于教育规模的扩大，但 2016 年开始下降，说明进一步增加投入已经不是提升效率所需要的了。今后提升河北省普通高中教育资源配置效率需遵循资源配置进一步优化、先进技术应用和管理体制改进的总体方向。

第二，河北省普通高中教育资源配置的均衡性偏低，衡水多年来在“本一录取率”上一家独大。

通过首位度分析，我们发现河北省普通高中教育资源配置的均衡性偏低。

虽然在数量上各地区之间的各项投入指标和本一录取人数的不均衡性不明显，但是却充分体现了地区间本一录取率的不均衡性。根据原始数据，已知2011—2019年间本一录取率最高的城市一直是衡水，其在本一录取率方面的首位度值也一直处在高于2的非合理化状态，这充分体现出衡水拥有以优秀学生资源为代表的高中教育资源的省内绝对性优势。

第三，河北省普通高中教育资源配置的公平性相对合理，但优质生源流动显著推高了“双一流”高校和本一高校招生名额在各地区之间分配的不公。

基于结果导向的研究思路，文章通过运用基尼系数分析方法，按照相关模型计算出了近十年来按报名所在地划分河北省各地区“双一流”录取率的基尼系数、按户籍所在地划分河北省各地区“双一流”录取率的基尼系数和按报名所在地划分河北省各地区本一录取率的基尼系数变化情况。通过对三条区间的分析比较，可以清晰地发现，三个基尼系数在0.10—0.35之间波动变化，处于国际公认差距较大警戒线0.40的下方，所以河北省普通高中教育资源配置的公平性相对合理。但由于优质生源的流动，即优质教育资源向少数地区和少数学校集中，导致按报名所在地“双一流”高校录取率和本一录取率的基尼系数明显高于按户籍所在地录取率的基尼系数，特别是按报名所在地“双一流”高校录取率的基尼系数持续攀升，即优质高校招生名额这一最珍贵稀缺资源在各地区之间分配的公平性不断降低，需引起相关部门高度重视。

第四，河北省普通高中教育资源配置的公平性与均衡性之间存在受多种因素影响的相关性，且近十年来二者之间的耦合协调度经历了三个阶段的变化。

通过格兰杰因果关系检验发现，河北省普通高中教育资源配置的公平性与均衡性之间存在双向格兰杰因果关系，即教育资源配置不均衡会导致教育不公平，教育不公平也会导致教育资源配置不均衡。根据近十年来河北省普通高中教育资源配置公平性与均衡性响应强度的变化趋势，我们发现河北省普通高中教育资源配置公平性与均衡性之间的关系划分为：平稳期（2011—2014年）、上升期（2015—2017年）和下降期（2018—2019年）三个阶段，而与上述三个阶段相对应，河北省普通高中教育资源配置公平性与均衡性之间的耦合协调度变化也经历了失调期、协调度上升期和协调度下降期三个阶段。经过进一步深入分析，我们发现各地招生比例不均衡、各地“双一流”录取差异、各地专任教师数量不均衡与各地教育支出不均衡等因素对河北省普通高中教育资源配置均衡性与公平性之间的耦合协调度有显著影响。

第五，河北省普通高中教育资源配置的非均衡状态具有多重负面影响，而非均衡态势的形成是多重影响因素联动的结果。

经过深入的理论分析，我们发现普通高中教育资源配置的非均衡和公平性偏低的状态会造成整个社会教育心态的浮躁和教育内卷；会推高家庭的教育投入，加重其经济负担；会加剧社会阶层流动的困难程度，导致阶层固化；会造成非市场化的人口流动，影响区域经济社会的发展。同时衍生教育腐败问题，破坏社会公平正义。当前河北省普通高中教育资源配置状况的形成是一个历史过程，受到了国家政策的历史演进、不同区域发展高中阶段教育的基础性条件差异、优质生源流动分配、高中教育阶段市场化力量介入等多重因素的联动影响。

二、研究的不足与展望

坚持资源配置的公平、促进区域之间普通高中教育均衡发展是高质量教育体系建设乃至整体经济社会发展的一项永恒课题。本研究因受个人能力、数据可得性、定量研究工具、实地调查困难等多重因素限制，所以研究的深度和广度均需进一步加强，研究结论的科学性和代表性也还有很大的提升空间。在执行国家“双减”政策，消除教育内卷的大背景下，从提升区域之间普通高中教育资源配置均衡的实际需求和理论研究趋势出发，根据现有的研究状况，笔者认为应从以下几个方向进行深入研究：

一是对普通高中教育资源配置均衡性和公平性的测量工具进行更科学的设计。

二是对地理临近或高考人数相近的省份做类似研究，并进行省际间的比较，增强相关研究的外推效度。

三是可从基础教育阶段内卷、社会教育心态、社会阶层流动和区域经济发展等某个单一方面入手，对普通高中教育资源配置失衡的负面影响构建量化测评模型，进行定量分析。

四是可对某个“超级中学”形成的内在资本逻辑进行深入的典型个案研究，以提出更具针对性的普通高中教育资源均衡配置策略。

参考文献

著作类

[1] 约翰·E·丘伯，泰力·M·默. 政治、市场和学校 [M]. 蒋衡等译. 北京：教育科学出版社，2003.

[2] 杰夫·惠迪，萨莉·鲍尔，大卫·哈尔平. 教育中的放权与择校：学校、政府和市场 [M]. 马忠虎译. 北京：教育科学出版社，2003.

[3] 菲利普·库姆斯. 世界教育危机 [M]. 赵宝恒，李环等译. 北京：人民教育出版社，2001.

[4] 托尔斯顿·胡森. 社会环境与学业成就 [M]. 张人杰译，昆明：云南教育出版社，1991.

[5] 王善迈. 教育经济学简明教程 [M]. 北京：高等教育出版社，2000.

[6] 王玉昆. 教育经济学（第二版）[M]. 北京：华文出版社，2005.

[7] 徐文. 教育产权论 [M]. 武汉：湖北人民出版社，2007 年.

[8] 熊丙奇. 教育公平：让教育回归本质 [M]. 上海：华东师范大学出版社，2014.

[9] 西奥多·W·舒尔茨. 人力资本投资：教育和研究的作用 [M]. 蒋斌，张蘅译，北京：商务印书馆，1990.

[10] 张敦富. 区域经济学导论 [M]. 北京：中国轻工业出版社，2013.

[11] 刘丽艳. 计量经济学方法论研究 [M]. 北京：人民出版社，2014.

[12] 成刚. 数据包络分析方法与 MaxDEA 软件 [M]. 北京：知识产权

出版社，2014.

[13] 杜育红. 教育发展不平衡研究 [M]. 北京：北京师范大学出版社，2000.

[14] 马和民. 教育社会学研究 [M]. 上海：上海教育出版社，1998.

[15] 东北师范大学中国农村教育发展研究院. 中国农村教育发展报告 2019 [M]. 北京：北京师范大学出版社，2019.

[16] JAMES B C. The American High School Today[M]. U. S:Mcgraw-hill book Company. inc,1959.

[17] WALTER W，MCMAHOR,TERRY G. Financing Education：Overcoming Inefficiency and Inequity [M]. Chicago：University of Illinois Press,1982.

[18] TITUS M A，EAGAN K. Examining Production Efficiency in Higher Education：The Utility of Stochastic Frontier Analysis[M]. Chicago：Springer International Publishing，2016.

[19] GARY S，BECKER. Human Capital：A Theoretical and Empirical Analysis[M]. Chicago:University of Chicago Press，1964.

[20] JAMES S C. Equality of Education Opportunity[M]. U. S:Government Printing office，1996.

期刊类

[1] 习勇生. “超级中学”：普通高中校际差距的催化剂 [J]. 中国教育学刊，2014 (06)：15—18.

[2] 胡庆芳. 当今美国高中教育解读（一） [J]. 北京教育（普教版），2002 (06)：42—43.

[3] 胡庆芳. 绝不让一个高中生掉队——美国高中课程改革研究 [J]. 全球教育展望，2002 (03)：32—37.

[4] 薛二勇，傅王倩，李健. 我国普及高中教育的形势、问题与路径 [J]. 中国教育学刊，2020 (10)：27—33+46.

［5］李建民."全面普及高中阶段教育"的内涵释要与路径选择［J］. 教育研究，2019，40（07）：73－82.

［6］杨桂青. 2012普通高中定位之辩——对普通高中教育定位讨论的回眸［J］. 辽宁教育，2013（06）：7－8.

［7］张华. 论我国普通高中教育的性质与价值定位［J］. 教育研究，2013，34（09）：67－71.

［8］郭君，王爱琼，莫容，赵定波. 普通高中教育教学功能现状与改进措施研究［C］//《教师教学能力发展研究》科研成果集（第十五卷）. 2018：71－74.

［9］程丹丹，葛新斌. 关于高中教育定位问题的若干省思［J］. 清华大学教育研究，2019，40（03）：97－103.

［10］方秋莲，陈思琪，李彦瑾. 基于DEA模型的中小学教育资源配置效率分析［J］. 教育教学论坛，2020（46）：3－6.

［11］郭少榕. 论学校教育的微观公平［J］. 中国教育学刊，2018（10）：68－72＋81.

［12］黎婧尧. 我国教育公平性发展研究——基于基尼系数的计算与分析［J］. 潍坊工程职业学院学报，2021，34（02）：19－24.

［13］马思腾. 整体推进普通高中教育公平发展的策略组合［J］. 人民教育，2020（21）：43－45.

［14］骈茂林. 地方政府推动普通高中多样化发展的制度供给逻辑［J］. 教育发展研究，2012，32（10）：30－35.

［15］余凯，谢珊. 普通高中教育多样化发展的问题分析与政策建议［J］. 中国教育学刊，2020（02）：40－45.

［16］卢立涛. 全球视野下高中教育的性质、定位和功能［J］. 外国教育研究，2007（04）：35－38.

［17］杨建超，孙玉丽. 高中教育的历史演进及启示［J］. 河北师范大学学报（教育科学版），2014，16（05）：46－51.

［18］黄晓玲. 新时期我国高中阶段普职融通的理性审思——兼论高中教

育综合化发展趋势 [J]. 河北师范大学学报（教育科学版），2016，18（01）：57—61.

[19] 朱益明. 新时代普通高中学校发展定位与导向 [J]. 人民教育，2020（23）：13—16.

[20] 张宝歌，韩嵩，焦岚. 后普及时代普通高中多样化制约机制及对策思考 [J]. 教育研究，2021，42（01）：83—95.

[21] 傅维利. 新教育目的观如何确立 [J]. 基础教育论坛，2015（32）：4—5.

[22] 皇甫林晓. 我国普通高中特色发展的现实困境及提升路径 [J]. 当代教育科学，2020（01）：65—70.

[23] 陈剑钰. 普通高中“引发教育”的内涵与实践探索 [J]. 上海教育科研，2021（07）：93—96.

[24] 任初明，付清香. 权力为轴心：我国教育资源配置方式分析 [J]. 现代教育管理，2011（12）：22—25.

[25] 徐士强. 新普及时代普通高中资源配置的思考 [J]. 上海教育科研，2016（10）：39—42.

[26] 贺民，杨公安. 公共选择理论视域下城乡义务教育资源配置效率的再思考 [J]. 继续教育研究，2013（01）：141—143.

[27] 李航，李成明，曲扶摇等. 资源配置、内涵发展与“双一流”建设分析——来自全国等教育效率测度的证据 [J]. 技术经济与管理研究，2018（11）：92—98.

[28] 朱茂勇. 普通高中教育经费支出效率研究——基于我国中部省份的数据 [J]. 现代基础教育研究，2015，20（04）：40—46.

[29] 金双华，杨艺. 普通高中教育资源配置效率研究 [J]. 现代教育管理，2021（01）：53—60.

[30] 杨颖秀. 高中阶段教育公平的缺失及策略思考 [J]. 教育理论与实践，2007（21）：22—24.

[31] 李瑞娥，李伟群. 我国制度变迁与教育资源分享中的公平问题——

一个基于农村和城市口受高等教育差异的比较研究［J］. 当代财经，2005（11）：50－54.

［32］张绘. 我国公办普通高中校际间资源配置不公平现象的分析——以我国中部地区某县的调查研究为例［J］. 现代教育论丛，2009（05）：40－43＋87.

［33］李亚勍，沈百福. 公办普通高中教育投入的地区差异分析［J］. 教育科学，2009，25（06）：16－20.

［34］张菀洺. 我国教育资源配置分析及政策选择——基于教育基尼系数的测算［J］. 中国人民大学学报，2013，27（04）：89－97.

［35］苏飞，莫潇杭，魏敏等. 中国普通高中教育均等化及障碍因素分析［J］. 地理科学，2017，37（10）：1478－1485.

［36］张金芳. 教育公平视角下高中教育资源配置研究［J］. 华北水利水电大学学报（社会科学版），2015，31（02）：46－48.

［37］赵畔. 我国教育资源配置均衡问题的研究综述［J］. 西部素质教育，2017，3（07）：80＋82.

［38］于璇. 我国高中阶段教育资源配置的地区差异、动态演进与趋势预测［J］. 教育与经济，2021，37（03）：59－69.

［39］叶玉华. 教育均衡化的国际比较与政策研究［J］. 教育研究，2003（11）：34－38.

［40］吴晓刚. 1990—2000年中国的经济转型、学校扩招和教育不平等［J］. 社会，2009，29（05）：88－113＋225－226.

［41］翟博. 教育均衡发展：理论、指标及测算方法［J］. 教育研究，2006（03）：16－28.

［42］陈钊，陆铭，金煜. 中国人力资本和教育发展的区域差异：对于面板数据的估算［J］. 世界经济，2004（12）：25－31＋77.

［43］陈玉宇，王志刚，魏众. 中国城镇居民20世纪90年代收入不平等及其变化——地区因素、人力资本在其中的作用［J］. 经济科学，2004（06）：16－25.

[44] 冯建军. 推进普通高中教育公平的政策建议 [J]. 人民教育，2010 (23)：2—5.

[45] 郑欢欢. 教育资源配置实质公平探索 [J]. 教学与管理，2018 (30)：31—33.

[46] 翟博. 教育均衡发展：理论、指标及测算方法 [J]. 教育研究，2006 (03)：16—28.

[47] 刘翔，申卫华. 我国义务教育均等化水平研究——基于省际数据的测度分析 [J]. 内蒙古财经学院学报，2009 (04)：93—98.

[48] 喻登科，周荣，郎益夫. 区域基础教育资源配置均等化指数的测量模型 [J]. 南昌大学学报（人文社会科学版），2012，43 (05)：151—156.

[49] 沈百福. 我国普通高中学费的地区差异分析 [J]. 当代教育论坛，2006 (10)：24—27.

[50] 沈有禄，范先佐. 各地高中生均经费配置不平等状况分析 [J]. 教育科学，2010，26 (04)：76—84.

[51] 张长征，郇志坚，李怀祖. 中国教育公平程度实证研究：1978—2004——基于教育基尼系数的测算与分析 [J]. 清华大学教育研究，2006 (02)：10—14+22.

[52] 杨俊，黄潇，李晓羽. 教育不平等与收入分配差距：中国的实证分析 [J]. 管理世界，2008 (01)：38—47+187.

[53] 董俊燕. 地方政府普通高中教育投入偏好研究——省级及市县级政府视角的实证分析 [J]. 教育与经济，2016 (05)：49—56.

[54] 祁占勇，王锦雁. 高中阶段教育政策研究的热点领域与未来展望 [J]. 教育理论与实践，2018，38 (08)：13—16.

[55] 曹钦. 罗尔斯公平正义理论对中国的现实意义 [J]. 理论与现代化，2011 (04)：19—23.

[56] 钟梦玲. 高考统一命题政策探析——基于胡森的教育公平理论 [J]. 中学政治教学参考，2015 (18)：86—88.

[57] 周明生. 《资本论》：市场决定资源配置理论的经典性科学构建

[J]. 江苏行政学院学报，2015 (06)：42—48.

[58] 宁光杰. 发展中国家教育的信号功能及其失灵 [J]. 清华大学教育研究，2006 (05)：55—63.

[59] 赵凯，赵昕东，张绿原. 教育、风险与“名校”效应：理论模型与实证分析 [J]. 教育与经济，2019，35 (05)：18—29.

[60] 朱润苗，陈松林. 福建省土地利用空间均衡度时空分异及驱动力研究 [J]. 山西师范大学学报（自然科学版），2021，35 (03)：96—105.

[61] 张玉泽，张俊玲，程钰等. 供需驱动视角下区域空间均衡内涵界定与状态评估——以山东省为例 [J]. 软科学，2016，30 (12)：54—58.

[62] 刘静玉，谢志祥，李强等. 基于超效率 DEA 模型的我国高等教育效率省际时空差异研究 [J]. 河南大学学报（自然科学版），2017，47 (01)：40—47.

[63] 杨铭慧，谢煜. 基于超效率 DEA—Malmquist 的林业投入产出效率测度研究 [J]. 中国林业经济，2021 (06)：7—10.

[64] 陶蕾，杨欣. 我国中等职业教育资源配置效率评价及分析——基于 DEA—Malmquist 指数模型 [J]. 教育科学，2015，31 (04)：26—31.

[65] 陈延斌，程钰. 山东半岛城市群城市规模分布演变特征 [J]. 青岛科技大学学报（社会科学版），2012，28 (01)：20—24.

[66] 王善迈. 教育公平的分析框架和评价指标 [J]. 北京师范大学学报（社会科学版），2008 (03)：93—97.

[67] 孙百才，刘云鹏. 中国地区间与性别间的教育公平测度：2002—2012 年——基于人口受教育年限的基尼系数分析 [J]. 清华大学教育研究，2014，35 (03)：87—95.

[68] 孙百才. 测度中国改革开放 30 年来的教育平等——基于教育基尼系数的实证分析 [J]. 教育研究，2009 (01)：12—18.

[69] 徐光木，朱钰荣，顾婧宜等. 新高考背景下高考录取基尼系数的测度及效率损失——以中国人民大学为例 [J]. 教育与考试，2021 (05)：5—12.

[70] 刘艳军，李诚固，王颖. 中国产业结构演变城市化响应强度的省际

差异［J］．地理研究，2010，29（07）：1291—1304.

［71］赵波，李宏，武友德，明庆忠．区域教育资源空间优化配置的理论初探［J］．教育科学，2001（02）：6—7+42.

［72］钱俊瑞．为提高工农的文化水平，满足工农干部的文化要求而奋斗：在第一次全国工农教育会议上的总结报告［J］．人民教育，1951（05）：12—16.

［73］李元静，王成璋．资源配置效率的比较分析——以我国区域高等教育资源为例［J］．软科学，2014，28（10）：22—26.

［74］查尔斯·豪威尔，卢昆，王越．教育，机会与公平分配［J］．中国教育政策评论，2001（00）：239—246.

［75］ARISTOVNIK A，OBADIC A. Measuring relative efficiency of secondary education in selected EU and OECD countries：The case of Slovenia and Croatia［J］. Technological and Economic Development of Economy，2014，20(3)：425—427.

［76］ROSALIND L，Andrew J. Evaluating the effectiveness of specialist schools in England［J］. School Effectiveness and School Improvement，2006，17(3)：241—243.

［77］DIANE P，ZENA H R，CYNTHIA L，etal. Examination of Resource Allocation in Education Connecting Spending to Student Performance［J］. Southwest Educational Development Laboratory，2003(4)：152—153.

［78］JONHES J. Data envelopment analysis and its application to the measurement of efficiency in higher education［J］. Economics of Education Review，2005，25(3)：276—277.

［79］PATRICIO E R，JORGE L A. Evaluation of the Efficiency of the Universities belonging to the Council of Rectors of Chilean Universities：Results of a Data Envelopment Analysis［J］. Formación universitaria，2013，6(3)：35—36.

［80］DUFRECHOU P A. The efficiency of public education spending in

Latin America: A comparison to high-income countries. Original Research Article [J]. International Journal of Educational Development, 2015 (49):192—194.

[81] NICOLA A A, Sung T J. Equity and efficiency of Minnesota educational expenditures with a focus on English learners, 2003—2011: A retrospective look in a time of accountability[J]. Education Policy Analysis Archives, 2017(25):16—17.

[82] ADRIAN E R, Michael H. Maximally Maintained Inequality, Expansion Reform and Opportunity in Irish Education[J]. Sociology of Education, 1993, 66(1):46—48.

[83] LUCAS S R. Effectively Maintained Inequality: Education Transitions, Track Mobility, and Social Background Effects[J]. American Journal of Sociology, 2001, 106(6):1679—1681.

[84] RICHARD D, ESKILL H, ANDRES H. The Relative Risk Aversion Hypothesis of Educational Choice[J]. Journal of Population Economics, 2002, 15(4):691—692.

[85] ROLF B. Educational Expansion and Persistent Inequalities of Education: Utilizing Subjective Expected Utility Theory to Explain Increasing Participation Rates in Upper Secondary School in the Federal Republic of Germany[J]. European Sociological Review, 2003, 19(1):9—11.

[86] Breen R, Yaish M. Testing the Breen-Goldthorpe model of educational decision making[J]. Mobility and inequality, 2006, 18(3):18—20.

[87] ANDERS H, MADS M J. Does Relative Risk Aversion explain educational inequality? A dynamic choice approach[J]. Research in Social Stratification and Mobility, 2008, 26(3):205—207.

[88] BAKER B, FARRIE D, LUHM T. Is School Funding Fair? A National Report Card (Fifth Edition)[J]. Education Law Center, 2016(2):258—259.

[89] ANDREAS S, PABLO Z. Global Equality of Educational Opportunity: Creating the Conditions for all Students to Succeed[J]. Journal of Social Issues, 2016, 72(4):708—709.

[90] NASH R. Equality of Educational Opportunity: In Defence of a Traditional Concept[J]. Educational Philosophy & Theory, 2004, 36:361—377.

[91] ANDERSON C A. Sociological Factors In the Demand for Education in Social Objectives in Educational Planing by Study Group in the Economics of Education. OECD[J]. Pairs, 1967(3):187—189.

[92] LI C L. Sociopolitical Change and Inequality in Educational Opportunity: Impact of Family Background and Institutional Factors on Educational Attainment (1940—2001)[J]. Chinese Sociology and Anthropology, 2006, 38(4):6—36.

[93] JAMES S C. Equality and Education[J]. Oxford Review of Education, 1975(3):1—4.

[94] Coleman James S. Leaf development and leaf stress: increased susceptibility associated with sink-source transition. [J]. Tree physiology, 1986, 2(1):291—292.

[95] Byko, Maureen. Gender Equity in University Materials Science Departments[J]. JOM, 2008, 60(9):96—97.

[96] RAM R. Educational Expansion and Schooling Inequality: International Evidence and Some Implications[J]. Review of Economics and Statistics, 1990, 72(2):271—272.

学位论文

[1] 李静. 现阶段我国普通高中教育功能研究 [D]. 大连：辽宁师范大学，2016.

[2] 梁茜. 普通高中教育过程公平研究 [D]. 上海：华东师范大学，2020.

[3] 许丽英. 教育资源配置理论研究 [D]. 长春：东北师范大学，2007.

[4] 彭媛. 城乡高中教育差异比较研究 [D]. 苏州：苏州大学，2014 年.

[5] 冯云. 中国教育不平等对居民收入差距影响研究 [D]. 大连：东北财经大学，2014.

[6] 郭丹丹. 教育不平等的发生机制研究 [D]. 上海：华东师范大学，2019.

[7] 黄旭霞. 公平正义视域下天水市普通高中教育发展研究 [D]. 西安：西安科技大学，2019.

[8] 庞祯敬. 区域间普通高中教育资源配置均等化实证研究 [D]. 成都：西南交通大学，2015.

[9] 陈岩. 高等教育资源配置现状评价与约束机制研究 [D]. 西安：西安建筑科技大学，2016.

[10] 刘云凤. 近代以来西方公平思想在中国的传播及影响 [D]. 扬州：扬州大学，2017.

[11] 谷峥霖. 云南学前教育资源配置的空间协调性研究 [D]. 昆明：云南师范大学，2021.

[12] 张传萍. 义务教育资源配置标准研究 [D]. 武汉：华中科技大学，2012.

[13] 高鹤文. 准公共产品领域国有经济功能研究 [D]. 吉林：吉林大学，2009.

[14] 叶立国. 系统科学理论体系的重建及其哲学思考 [D]. 南京：南京大学，2010.

[15] 张涛. 新高考影响下高中教育与大学教育衔接研究 [D]. 海口：海南师范大学，2021.

[16] 彭永东. 控制论发生与传播研究 [D]. 北京：中国科学院研究生院（自然科学史研究所），2006.

[17] 李砚. 区域物流中心选址数理模型的新逻辑与新解法 [D]. 北京：

北京化工大学，2007.

[18] 徐文. 教育产权论 [D]. 武汉：华中师范大学，2004.

[19] 李帅. 青海省东部城市群首位度对区域经济发展的影响研究 [D]. 西宁：青海师范大学，2021 年.

[20] 柯宝芳，陈建国，赵霞. 我国省域高质量的空间趋同及其与高等教育水平的耦合关系的研究 [C]//2019 年（第六届）全国大学生统计建模大赛优秀论文集. 2019：1145—1178.

网络资料

[1] 河北省教育厅网站[EB/OL]. [2021-06-10]. http://jyt. hebei. gov. cn/col/1405610764482/2021/06/10/1623315149296. html.

[2] 中央政府网站，国务院办公厅关于新时代推进普通高中育人方式改革的指导意见，[EB/OL]. [2021-06-19]. http://www. gov. cn/xinwen/2019/06/19/content_5401610. html.

[3] 中央政府网站，关于进一步减轻义务教育阶段学生作业负担和校外培训负担的意见，[EB/OL]. [2021-07]. http://jiaoyu. ahyx. gov. cn/tzgg/2021/07/438520. html.

[4] 中国社会科学网，中国教育新业态发展报告(2017)——基础教育，[EB/OL]. [2021-08]. http://ex. cssn. cn/zx/bwyc/201807/t20180710_4500090. shtml.

[5] 河北新闻网. 河北高职扩招鼓励联合考试减轻考生负担. [EB/OL]. [2021-07-13]. http://hebei. hebnews. cn/2021/07/13/content_8571040. html.

附　录

2011—2019 年河北省普通高中教育资源配置状况评价指标值

地区	年份	学校数(所)	专任教师数(人)	全市教育费用支出(万元)	高中招生率(%)	高考学生与常住人口比(%)	本一录取率(%)
石家庄	2011	128	13,210	875,153	55.97	0.83	5.92
唐山	2011	63	10,387	783,039	59.37	0.61	6.95
秦皇岛	2011	32	3,707	255,379	52.40	0.53	4.96
邯郸	2011	61	9,983	701,344	50.31	0.61	4.43
邢台	2011	61	8,155	502,452	50.86	0.67	4.75
保定	2011	79	11,552	658,557	52.84	0.67	7.49
张家口	2011	35	4,880	406,065	44.35	0.61	4.71
承德	2011	25	3,911	387,977	52.02	0.60	2.95
沧州	2011	49	6,958	543,775	50.70	0.57	7.32
廊坊	2011	32	5,114	434,289	53.40	0.58	4.61
衡水	2011	33	5,619	298,178	57.30	0.99	20.82
石家庄	2012	123	12,804	1,092,790	59.99	0.77	6.35
唐山	2012	58	10,287	975,527	60.27	0.57	7.95
秦皇岛	2012	31	3,840	348,835	56.94	0.53	4.83
邯郸	2012	61	9,987	953,544	49.79	0.57	4.43
邢台	2012	47	8,170	573,925	52.29	0.61	4.72
保定	2012	75	11,338	789,651	54.52	0.60	7.98
张家口	2012	35	5,006	516,341	45.64	0.64	4.70
承德	2012	23	3,820	514,602	52.79	0.59	3.30

续表 1

地区	年份	学校数(所)	专任教师数(人)	全市教育费用支出(万元)	高中招生率(%)	高考学生与常住人口比(%)	本一录取率(%)
沧州	2012	48	6,728	737754	50.43	0.53	7.95
廊坊	2012	31	5126	562,429	53.53	0.56	5.65
衡水	2012	33	5,812	367,478	65.69	0.99	23.33
石家庄	2013	113	17,037	1,161,551	60.56	0.80	8.29
唐山	2013	56	10,645	972,513	59.26	0.57	8.44
秦皇岛	2013	31	3,925	334,332	58.46	0.55	5.67
邯郸	2013	63	13,284	854,747	52.08	0.53	5.25
邢台	2013	48	10,569	546,510	49.85	0.55	5.57
保定	2013	65	10,986	781,797	59.52	0.56	7.67
张家口	2013	34	5,950	496,296	48.42	0.67	5.64
承德	2013	24	4,235	528,348	57.14	0.63	3.24
沧州	2013	47	7,826	704,699	48.64	0.49	8.64
廊坊	2013	30	6,363	536,275	53.12	0.53	6.29
衡水	2013	33	7,643	340,791	71.89	0.97	24.79
石家庄	2014	109	16,681	1,200,899	62.50	0.71	10.28
唐山	2014	64	11,209	1,089,918	62.77	0.57	8.99
秦皇岛	2014	30	3,888	358,495	59.80	0.56	6.16
邯郸	2014	63	13,499	905,431	52.19	0.46	6.26
邢台	2014	52	10,746	564,415	69.12	0.47	7.03
保定	2014	64	11,277	870,391	66.04	0.52	7.43
张家口	2014	33	6,133	514,549	57.22	0.67	6.76
承德	2014	23	4,314	465,273	60.50	0.64	3.78
沧州	2014	47	7,942	752,865	58.42	0.43	9.41
廊坊	2014	30	6,446	538,175	67.98	0.49	5.71
衡水	2014	33	8,216	366,318	87.89	0.92	28.53
石家庄	2015	123	18,239	1,361,602	59.30	0.68	11.76
唐山	2015	69	11,808	1,232,266	59.93	0.56	9.72

续表 2

地区	年份	学校数(所)	专任教师数(人)	全市教育费用支出(万元)	高中招生率(%)	高考学生与常住人口比(%)	本一录取率(%)
秦皇岛	2015	28	3,852	424,258	56.66	0.54	6.82
邯郸	2015	65	13,823	1,006,026	50.73	0.44	7.47
邢台	2015	52	10,809	764,423	58.60	0.45	9.61
保定	2015	80	14,195	1,221,166	59.75	0.50	8.87
张家口	2015	33	6,218	647,303	52.62	0.62	8.28
承德	2015	22	4,023	570,380	56.75	0.64	5.14
沧州	2015	47	8,219	1,034,550	54.40	0.39	10.79
廊坊	2015	31	6,593	741,790	58.78	0.48	7.16
衡水	2015	35	9,047	434,484	86.88	0.90	31.33
石家庄	2016	119	19,394	1,591,856	58.58	0.70	15.30
唐山	2016	75	12,616	1,167,144	57.89	0.57	14.50
秦皇岛	2016	31	4,065	484,208	56.88	0.53	9.45
邯郸	2016	66	14,142	1,066,510	44.28	0.47	12.19
邢台	2016	51	10,879	824,884	51.61	0.49	13.91
保定	2016	82	15,258	1,307,572	56.76	0.51	12.20
张家口	2016	33	6,578	713,234	55.65	0.62	11.60
承德	2016	22	4,083	607,532	55.05	0.63	8.28
沧州	2016	48	8,483	1,066,808	54.64	0.42	14.88
廊坊	2016	31	6,611	789,061	52.57	0.53	9.96
衡水	2016	40	10,200	500,467	83.92	0.93	38.03
石家庄	2017	124	20,357	1,609,136	59.92	0.67	16.06
唐山	2017	78	13,118	1,337,546	57.46	0.56	13.80
秦皇岛	2017	32	4,215	508,832	54.55	0.54	10.59
邯郸	2017	68	15,025	1,163,136	45.46	0.49	11.89
邢台	2017	54	11,645	897,944	53.31	0.53	13.67
保定	2017	86	16,878	1,445,318	58.63	0.55	12.25
张家口	2017	34	6,999	799,876	55.70	0.60	11.56

续表 3

地区	年份	学校数（所）	专任教师数（人）	全市教育费用支出（万元）	高中招生率（%）	高考学生与常住人口比（%）	本一录取率（%）
承德	2017	22	4,198	663,827	53.66	0.60	8.69
沧州	2017	51	9,001	1,220,731	51.93	0.44	15.33
廊坊	2017	34	6,936	969,083	50.95	0.56	9.33
衡水	2017	47	11,850	561,044	91.57	1.00	38.89
石家庄	2018	126	21,355	1,971,155	58.41	0.74	15.48
唐山	2018	76	13,766	1,451,959	60.77	0.60	12.49
秦皇岛	2018	33	4,347	556,567	59.71	0.56	11.11
邯郸	2018	69	16,338	1,193,602	37.80	0.58	12.35
邢台	2018	57	13,149	974,252	57.84	0.61	13.83
保定	2018	89	17,754	1,398,090	60.48	0.63	11.90
张家口	2018	36	7,423	783,868	57.52	0.64	10.53
承德	2018	22	4,310	715,657	52.98	0.61	9.03
沧州	2018	55	10,487	1,306,344	55.55	0.50	13.71
廊坊	2018	36	7,525	1,079,121	55.05	0.57	10.06
衡水	2018	56	15,075	602,075	91.93	1.11	38.36
石家庄	2019	126	21,114	2,144,377	58.09	0.87	13.61
唐山	2019	78	14,414	1,560,263	60.55	0.68	11.07
秦皇岛	2019	34	4,524	607,284	61.20	0.65	7.97
邯郸	2019	72	17,500	1,358,561	48.56	0.76	11.16
邢台	2019	62	15,328	1,101,023	57.92	0.75	11.67
保定	2019	87	15,136	1,529,555	71.05	0.88	10.45
张家口	2019	36	7,797	877,000	59.92	0.74	9.31
承德	2019	23	4,512	787,054	54.76	0.72	8.04
沧州	2019	55	11,619	1,506,790	55.89	0.61	13.38
廊坊	2019	38	8,076	1,237,214	51.65	0.65	9.50
衡水	2019	60	17,246	685,082	92.35	1.27	34.70

后　记

本书是本人博士论文的核心内容，也是我对三年博士学习生涯的一个总结和回顾。回想这三年走过的路，集学习、工作、家庭于一体，可谓是充满了艰辛与挑战，在这个时期我还实现了两次职务上的进步，正所谓“痛并快乐着”。时光如流水，在无声无息中三年的博士学习阶段已成过往，还记得妻子儿女陪我步入学校时的喜悦，还记得初次到北京师范大学与导师见面时的局促，还记得撰写论文时导师的谆谆教诲。近四十个月的坚持与奋斗，三百多天的孤独与求索，也曾怀疑自主写论文时的初衷，数次接近崩溃边缘时的无助，但目标从未动摇：像自己内心崇敬的博士目标致敬，绝不愧对自己最后的求学生涯。现在三年的读博生涯已经结束，一生的求学经历或许也将就此划上一个圆满的句号，每每念及此处，一丝哀伤从心头掠过。所以我必须将自己的博士论文整理出版，以作为三年博士学习生涯最好的纪念。

三年的求学之路可谓崎岖不平，完成博士学业更需内心的坚毅，是一直以来内心对丰富自身学识的渴望支撑着我向良师益友学习，并最终实现目标。我之所以能够克服三年来学习、工作和生活中的诸多困难，切实离不开家人的陪伴和诸位良师益友的帮助与指导。尤其是在完成本书的过程中，众多师友给了我莫大的帮助和支持，在此向他们表示我最衷心的感谢！

首先感谢我的导师李实教授。我与李老师见面虽不多，但李老师的广博学识和宽广胸襟，对学生如同亲人般的关爱和提携都令作为学生的我感动万分。在此特别感谢李老师这三年来在学习中给予我的教诲和帮助，您诲人不倦的高尚师德以及精益求精的治学态度让学生受益匪浅，并将激励我不断前进！

其次感谢中国社会科学院人口与劳动经济研究所的张车伟、吴耀武、曲晓博等各位老师。还记博一和博二学习阶段给各位老师打电话请教问题和索要电子签名以完成各项学业任务，还记得撰写论文时各位老师提出的宝贵建议，你们的支持和指导使我受益良多。在论文即将完成阶段，吴耀武老师还对我的论文从框架结构、研究方法和理论高度等方面提出了重要意见，在此衷心感谢吴老师。

再次感谢单位的领导和同事们的支持。河北省社会科学院对院内职工读博有着专门的支持政策，康振海、杨思远和张福兴等院领导对我读博提供了很大帮助，我的老所长王文录老师对我攻读博士更是倍加鼓励、关爱有加，经常在日常工作中给予我诸多关照。在我读博期间，院党组还任命我为河北省社会科学院省情研究所的主要负责人，在此我真诚的感谢领导们的信任与支持。

与此同时，我还要特别感谢刘鹏、路瑞红、王天博、王晨阳、常思琳和高自旺几位年轻同事，是你们在本书数据资料的搜集整理、实证模型的选取、校对排版等方面给予了重要帮助，才让我可以专注于本书内容的思考与撰写，在此表示深深的谢意！

另外，我要着重感谢我的妻子、女儿、儿子和父母，特别是我的妻子杨美英女士，是她一直在鼓励我坚持学习，从硕士到博士，她牺牲了很多提升自己的机会来无私地支持我，我们的婚姻史在某种意义上也是我的求学上进史。我的妻子和父母在我忙碌于学习和工作的时候给我创造了一个温馨的家庭环境，让我免于后顾之忧；是我的女儿和儿子用他们天真无邪的笑脸让我鼓足勇气克服学习和工作上的种种困难，力争让自己给他们树立一个勤勉上进的好爸爸形象。家庭是我内心最坚实的后盾，你们对我的期望和惦念，将是我今后人生道路上不断奋进的力量源泉！

最后，我也希望本书的出版作为对自己博士阶段学习过程中结识的各位同学、好友的一种怀念。我要说，李雷、易忠君、刘心亮、胡良仁、苗佳、孙亚楠、孟月明、吕正兵、李丹丹、屠霁霞、黄瑞宝、罗新宇、王东辉、彭文凯、牛耀红、蔡信强、陈雨、彭福荣和王媚等从全国各地走到一起的马克思主义理论骨干人才培养计划的同学们，是你们让我在读博期间的生活充满欢笑，是你们帮我解决了求学之中遇到的各种困难，是你们让我在北京师范大学还收获了这份弥足珍贵的同学情谊，谢谢你们，各位同学！

在此，谨对关心和支持本书出版的所有人表示最真挚的感谢！

2022 年 4 月夜于石家庄